KB071067

인류 혐오의 역사

-마녀사냥 이야기-

• 머리말 •

한 인류학자의 주장처럼 마녀사냥은 당시 사회를 가장 심층적으로 이해할 수 있는 핵심적인 주제라고 생각한다. 마녀사냥의 과정은 당시 사회가 무엇을 가장 두려워했는가를 알 수 있는 많은 단서를 제공한다.

저자가 처음으로 이 주제에 관심을 갖게 된 계기는 유학 생활 끝 무렵 우연히 접하게 된 〈The Burning Times〉라는 다큐 영상을 본 직후로 기억된다. 그 내용은 마녀에 관한 것이었고 14세기부터 17세기에 걸쳐 마녀사냥으로 최고 9백만 명 이상이 희생당했으며 그중 85% 이상이 여성이었다는 것이다.

그 후 오랜 세월이 흘렀지만 아직도 그 영상이 가져다준 충격이 생생하게 느껴지는 듯하다. 지금의 대학에서 '역사 속 여성스토리텔링'과 '젠더의 역사' 등을 강의하면서 마녀사냥이라는 주제는 계속해서 저자의 학문적 관심에서 떠나지 않았다.

이 책은 인류 역사상 가장 비극적인 집단광기 현상 중 하나인 마녀사냥을 주제로 인류 혐오의 역사의 한 단면을 소개하였다. 역사적으로 혐오라는 현상은 오랜 기간 이어져 왔고 그 결과 사회적 증오와 편견을 견뎌내야 했던 그룹은 수없이 존재해 왔다. 인류 역사에서 가장 많은 혐오의 대상이 되어왔던 유대인들이 그랬고 또한 동성애자들과 다양한 이주자들이 그 대상이 되었다. 수많은 평범한 여성들도 예외는 아니었다. 이 책에서 다루고 있는 마녀사냥에서 대부분의 희생양은 여성들이었음이 이미 많은 연구에 의해 밝혀진 사실이다.

팬데믹 이후 전 세계적으로 점차 증가하는 약자를 향한 혐오는 마녀사냥이라는 주제를 다시금 들여다보게 해준 계기가 되었다. 실제로 팬데믹 이후 새롭게 떠오른 혐오, 그중에서도 인종과 관련된 혐오 현상은 그 조짐이 점차 심각해지고 있다.

오늘날의 혐오 현상과 마녀사냥의 공통점은 주된 희생자들이 사회적 약자라는 점인데 이는 많은 시사점을 갖는다. 마녀사냥은 역사적 제 조건들과의 연계성을 통해 전개되었고 그 과정은 누가 봐도 매우 비합리적이고 비이성적이었다는 것은 부인할 수 없는 사실이다.

지금 현재 어딘가에서도 약자에 대한 차별과 혐오의 역사가 진행 중일 수도 있다는 생각을 해 본다. 이 책을 통해 역사를 통찰하면서 오늘날 다양한 인류 혐오 현상을 이해하고 극복할 방안을 고민하는 계기가 되었으면 한다.

2022년 7월

이창신

● 차례 ●

마녀사냥

: 그 혐오의 시작

인류 혐오의 역사

-마녀사냥 이야기-

파스칼(Pascal)은 그의 저서 《팡세》에서 "인간은 본질적으로 광기에 걸려 있다. 따라서 미치지 않았다는 것은 아마 미쳤다는 것의 또 다른 형태일 것이다"라고 말했다.

인류의 역사를 통해 볼 때 불안한 사회는 항상 희생양을 필요로 했고 대부분 경우 사회에서 가장 약한 계층의 사람들이 그 대상이 되었다. 이것은 특히 14세기부터 16세기에 이르기까지 유럽을 광기의 도가니로 몰고 갔던 '마녀사냥'에서 잘 나타나고 있다.

유럽의 마녀사냥 역사는 11세기까지 거슬러 올라간다. 유럽의 경우와 비교해서 그 역사나 규모는 매우 작지만 17세기 미국도 예외는 아니었다. 미국 역사에서 뉴잉글랜드 지방의 마녀사냥은 종교적·사회적 또는 경제적 요소와 밀접한 관련이 있었으며 그 과정에서 무고한 희생자의 대다수가 여성이었다는 사실은 많은 것을 시사해 준다.

인류의 역사를 통해 볼 때 "마녀사냥(Witch-hunting)"만큼 인간의 "집단적인 광기"를 보여주는 사건은 없었을 것이다. 역사적으로 마녀사냥이란 14세기 말부터 18세기에 이르기까지 집단적인 광기로 인한 유럽에서의 마녀에 대한 고발과 처형을 의미한다.

이 현상은 14세기의 프로방스, 알프스, 스페인 지방을 시작으로 15세기에는 전 유럽으로 확산되어 집단 처형이 나타났으며, 이어 16~17세기에 그 절정을 이루었다. 최후의 마녀재판은 잉글랜드가 1717년, 스코틀랜드 1722년, 프랑스 1745년, 독일 1775년, 스페인 1781년, 스위스 1782년, 폴란드 1793년, 이탈리아 1791년, 신대륙 아메리카에서는 17세기 말기에 발생한 세일럼의 마녀사냥이 마지막이었다.[1]

마녀사냥은 유럽 전역에서 일어났지만, 지리적으로 고르게 일어난 것은 아니었다. 마녀사냥이 거의 존재하지 않았던 지역이 있었던 반면 3세기에 걸쳐 수만 명이 마녀재판을 받았던 지역도 있었다.

▲ 세일럼 시내 마녀의 집

  마녀사냥에 대해 한 역사가는 "수 세기 동안 생나무로 마녀를 태우는 연기가 유럽의 공기를 검게 물들였다."라고 쓰고 있다.[2] 이 기간에 마녀사냥으로 처형된 마녀의 수는 학자에 따라 많은 이견이 있고, 그 차이도 매우 큰데, 일반적으로 10만 명에서 50만 명에 이르는 것으로 보고 있다. 심지어 제럴드 가드너(Gerald B. Gardner)는 그의 저서에서 3세기에 걸쳐 9백만 명이 마녀사냥에 의해 처형당하였다고 주장하기도 하였다.[3]

  마녀사냥으로 처형된 사람들의 통계적 숫자가 이렇게 큰 차이를 보이는 이유는 많은 경우 법정기록들이 소멸 또는

분실되었거나 이러한 재판과정이 공식적으로 기록된 바가
없었기 때문이다.

유럽의 마녀사냥에 관한 역사 연구가 어려운 이유에는
몇 가지가 있다. 그중 하나는 마녀로 고발된 자와 고발자의
생활과 활동을 기록한 자료의 부족을 들 수 있다. 재판 기
록에는 마녀의 나이, 본인 및 배우자의 직업이나 이웃과의
관계가 거의 기록되어 있지 않다. 또한, 이러한 사실이 기록
되어 있다고 하더라도 때에 따라 신빙성이 있다기엔 문제점
을 가지고 있는 경우가 많다. 예를 들어, 간혹 재판 기록에
는 피의자에 대한 증인 조사가 포함되어 있으나 증인과 마
녀의 진술이 서로 달라 고소가 일어난 상황에 대한 제한적
인 정보만을 얻을 수 있을 뿐이다.

그리고 더 큰 장애는 이러한 조서조차도 유실된 경우가
많다는 것이다. 마녀사냥 현상은 매우 복합적이고 다양하
다고 할 수 있다. 그 원인만 하더라도 중세 말 근대 초기 유
럽의 전반적인 종교적, 사회적, 정치적 원인으로부터 경제적
이고 법적인 원인까지를 모두 포함한다고 할 수 있다. 따라

인류 혐오의 역사 – 마녀사냥 이야기

서 마녀사냥에 대한 연구는 복합적이고 다원적 분석이 필요하다.

앞에서 살펴본 바와 같이 마녀사냥에 대한 해석은 다양하게 변해 왔는데 그에 대한 시대적 배경은 몇 가지로 설명될 수 있다. 첫째, 사회사의 발달을 들 수 있는데 이는 역사가들이 더 이상 위대한 인물이나 위대한 사건들에 집착하지 않고 평범한 사람들의 삶, 특히 사회나 가정에서 여성들의 삶을 조명하기 시작한 까닭이다.

▲ 세일럼에서 마녀로 고소된 최초의 여성 세라 굿(Sarah Good)의 묘석

▲ 세일럼 마녀 동상

인류 혐오의 역사 – 마녀사냥 이야기

두 번째는 학제간연구가 활발히 진행되었다는 점으로, 역사학·사회학 또는 인류학의 학제간연구를 통해서 마녀사냥이라는 주제에도 깊은 관심을 가지게 되었다. 마지막으로, 역사가들은 인류의 역사에서 그동안 비합리적인 것으로 간주되어왔던 것들에 대해서 보다 많은 이해를 도모하였다는 점이다.

신문화사(new cultural history)의 영향을 받은 1970년대 후반의 여성사연구는 방법론, 주제, 대상 그리고 깊이 등의 측면에서 기존의 여성사연구와는 큰 차이를 보이게 되었으며, 1990년대에 젠더라는 새로운 개념이 여성사를 분석하는 데 새로운 해석의 틀로 등장했다. 이러한 변화의 흐름을 파악하여 여성의 역사적 경험을 새롭게 재해석함으로써 역사의 또 다른 면을 이해할 수 있었고 '밑으로부터의 역사연구'의 중요성을 재확인시켜 주었다.

그동안 마녀사냥에 관한 연구는 1970년대 이후 여성사연구의 발달 및 인류학적 접근방법을 통해서 활발히 진행되었고, 서양사 연구의 중요한 부분으로 자리 잡게 되었다. 인류학적 방법론의 도입은 구조주의적, 기능주의적 관점에서

인류학을 이용하여 마녀사냥이 수행하던 기능을 분석하였다.[4]

이러한 접근방법에 따르면 마녀재판은 특정한 시기에 갑자기 일어난 사건이 아니라 일상적으로 마을 공동체에서 일어났던 일종의 사회적 행위인 것이다. 다시 말해서, 마을 내부의 긴장과 압력이 만들어낸 일상적인 행위 중 하나로써 일상사의 불행에 대한 해결책을 모색하는 과정에서 마녀가 일종의 희생양이 되었다는 것이다.

1980년대 중반 이후에는 '성과 권력'의 틀에서 마녀사냥을 분석하는 여성사적 접근이 시도되었다. 오늘날 마녀재판과 관련된 새로운 여성사적 재해석은 페미니스트 사가들에 의해 제기된 것으로, 그들은 이러한 역사적 현상을 '젠더문제(gender issue)'와 관련지어 분석하고 있다. 대표적인 학자로는 앤 바로우(Anne L. Barrow)와 캐럴 칼슨(Carol Karlsen)이 있는데, 이들은 마녀사냥에서 고소될 위험성이 가장 큰 유형으로 성공한 비즈니스 여성, 여성 상속자, 미망인 또는 독신녀 등을 지적하고 있다.

칼슨의 연구에 따르면, 여성들은 재산상속의 가능성을

지닌 신분이라는 측면에서 마녀로 몰리게 되는 경우가 많았는데 이는 사회 내 여성의 지위를 말해준다는 설명이다. 다시 말해서 뉴잉글랜드 지방에서 여성이 경제적 능력을 보유한다는 것은 하나의 경계대상이 된다는 것을 의미했다. 결론적으로 칼슨은 뉴잉글랜드 지방의 마녀들이야말로 기존 체제를 거부하는 불평이나 분노를 표현하는 또는 자부심을 가진 여성들로, 이들의 불만은 어떠한 의미에서는 신(God)이나 남성들에 대한 여성들의 저항이라고 해석하였다.

쵸셉 클레이츠(Joseph Klaits)는 왜 희생자들 대부분이 여성이었는가를 설명하는 데 있어서 구체적인 해석을 내놓았다.[5] 그는 마녀사냥의 희생자 대부분이 여성이었음과 더 나아가 재판과정에서 남성 희생자의 경우와는 달리 여성을 악마의 성적 노예로 규정하였다는 사실에 주목하였다. 또한 캐릴 칼슨(Carol Karlsen)은 미대륙에서의 마녀사냥의 희생자들은 대부분 여성이었고 그 이유는 그들에게는 남편이나 아들이 없어서 사망 이후 재산을 상속할 상속인이 없었기 때문에 주로 희생양이 되었다고 설명하였다.[6]

유럽과 비교해서 조금 늦게 시작되었지만 식민지 시대 뉴잉글랜드 지방에서도 마녀사냥이 이루어졌다. 일찍이 1672년 3월 하트포드(Hartford)에서 한 남자가 마술사라는 누명을 쓰고 교수형에 처해졌고, 1673년에는 찰스 타운(Charles Town)의 마거리트 존슨(Margaret Johnson)이 처형되었다. 신대륙 내 영국 식민지영토에서 발생한 마녀사냥 중 90퍼센트 이상이 뉴잉글랜드에서 발생한 것으로 나타나 있는데, 1620년부터 1725년까지 뉴잉글랜드에서 마녀사냥은 334건 고발되었고 그중 35명이 처형되었다.[7] 17세기 뉴잉글랜드 지방에서 시행되었던 법률에는 마녀임이 발각되면 처형시켜야 한다는 조항들이 포함되어 있었다.[8]

청교도사회의 마녀사냥 중 가장 대표적인 예는 미국 매사추세츠주의 세일럼(Salem) 재판이다. 1692년 세일럼에서는 200여 명이 마녀로 고발되었고 그들 중 대다수는 여성이었다. 재판 기록에 의하면, 1692년 2월 몇 명의 어른과 소녀들이 사건에 연루되면서 재판은 시작되었다.

세일럼의 경우는 뉴잉글랜드 다른 지역과 비교해서 다소 차이점을 보였다. 세일럼 이전의 경우에는 마녀를 단순하게

▲ 세일럼 마녀박물관

악을 행하는 존재로 간주했던 반면에, 세일럼의 경우에는 마녀들의 행위를 교회에 대한 정면 도전으로 간주했다.[9]

마녀사냥은 마을 전체가 더 이상 신에 대한 믿음을 공유하지 않는다는 것을 의미하였다. 17세기 뉴잉글랜드에서는 속세의 사회는 정신적·도덕적 또는 초자연적인 힘에 의해서 지배된다고 생각하였다. 그중에서 가장 강력한 세력은 초자연적인 힘인 신(God)을 의미했고, 모든 것은 신의 섭리에 의해 지배되었다.

단순한 자연현상도 마치 신의 섭리인 것처럼 해석되었는데 여기에는 도덕성, 죄 또는 병적 현상 등이 서로 밀접하게 연관되어 있었다. 한 예로, 세일럼 지방에 거주했던 존 구드윈(John Goodwin)의 자녀 4명이 '악령에 들린 상태'[10]의 희생자가 되었는데, 그는 이러한 현상을 자신의 적절하지 못한 행동으로 인한 죄의 대가로 생각했다.

이렇게 뉴잉글랜드 마녀사냥은 도덕과 육체적인 것의 상관관계를 통해 설명되었다. 마녀사냥이 자행될 때 이것을 자연현상과 관련지어 설명하는 경우 중 하나는 '경이로움'(wonder)에 해당하는 것이다. 이는 행성이 지나가는 현상이나 사람들의 어떠한 갑작스러운 죽음 또한 그들로 하여

금 불안한 심리상태와 판단을 흐리게 하는 결과를 불러온
다고 믿었다. 이렇게 여러 형태의 신비스러운 마법은 강한
종교적인 메시지를 포함하고 있었다.[11]

마녀사냥이 자행되
었던 때 미국의 뉴잉글
랜드 지역은 매우 어려
운 시기로, 자연재해가
계속 일어났고, 식민지
의 독립성을 인정해 주
었던 구 헌장(The Old
Charter)은 영국 정부에
의해서 무효화되었으며
이로 인해 더 엄격한 새

▲ 세일럼 마녀재판(Howard Pyle, 1682)

로운 규율이 생겨났다. 이와 비슷한 시기에 세일럼(Salem
Village)[12]의 목사로 있었던 사무엘 패리스(Samuel Parris)
의 집에서 그의 딸과 조카가 이상한 병적 증상을 일으켰다.
그 두 소녀를 진찰했던 의사는 소녀들이 마법에 걸린 것이
라고 진단하였다.

마녀사냥은 세일럼에서 진행되기 훨씬 전 이미 뉴잉글랜드의 다른 지방에서 자행되었다. 세일럼에서보다 4년 전 1688년 보스턴에서 어린이들이 마녀사냥에 의해서 처형된 사건이 있었다. 따라서 세일럼의 사람들도 이것이 마녀의 소행이라고 쉽게 믿어버렸다.

세일럼 마을에서는 하층계급의 세 여성인 세라 굿(Sarah Good)과 세라 오스본(Sarah Osborn) 그리고 지중해 출신의 노예였던 티투바(Tituba)가 맨 처음 고소되었다. 심문 과정에서 티투바는 자신이 사탄의 하녀로서 하늘을 날아다녔고 어린이들을 해쳤으며 마녀라는 것을 자백하였다. 이 시점에서 집행관들은 티투바의 일행을 찾아 나서게 되었고, 사람들에 대한 고소는 날로 심각해졌다.[13]

세일럼의 경우 마녀로서 고발당한 그룹은 주로 9세에서 20세까지의 소녀들이었다. 1692년 6월 10일 최초로 교수형을 당한 희생자는 브리지 비숍(Bridge Bishop)이고, 7월 19일에 5명이 처형되었다. 조지 버러우즈(George Burroughs)를 포함해서 또 다른 5명이 같은 해 8월 19일에 처형되었고, 9월 22일에 나머지 8명이 더 처형당했다. 희생자들 대부분은 교수형에 처해졌고, 그 밖에 가일 코리(Gile Cory)라는 사람은 돌에 눌려서 압사했다.[14]

　재판과정은 매우 불합리했는데 많은 사람이 특별한 이유 없이 고소되었다. 이웃 간의 불화로 인해서 서로를 고소하는 경우도 많이 발생했다. 결국, 1692년 가을, 윌리엄 피프스(Wiliam Phips) 총독은 순회재판소를 해체하기에 이르렀다. 이 문제는 상위법정에서 어느 정도 다루어지기는 했지만 더 이상 처형은 자행되지 않았다. 마침내 1693년, 주지사는 나머지 죄수들을 석방했고 비극적인 실수들이 자행되었다는 것이 받아들여지게 되었다.[15]

<표 1> 마녀로 기소된 사람들의 인구통계학적 도표

결혼상태	남자	여자	총계
미혼	8	29	37
기혼	15	61	76
과부/홀아비	1	20	21
총계	24	110	134

* 출처: Marc Mappen ed., Witches and Historian: Interpretations of Salem, p. 96.

<표 2> 연령별 분포도

나이	남자	여자	총계
20세 이하	6	18	24
21—30	3	7	10
31—40	3	8	11
41—50	6	18	24
51—60	5	23	28
61—70	4	8	12
70세 이상	3	6	9
총계	30	88	118

*출처: Marc Mappen ed., Witches and Historian: Interpretations of Salem, p. 96.

인류 혐오의 역사 – 마녀사냥 이야기

뉴잉글랜드의 다른 지역들과 달리 세일럼의 경우는 인구통계학적인 기록이 비교적 자세히 남아 있다. 통계에는 마녀로 고소된 사람들뿐만 아니라 이들을 고소한 사람들, 또 증인들의 성별·나이 그리고 결혼상태가 잘 나타나 있어서 세일럼의 마녀사냥에 대한 사회구조적 분석을 가능하게 한다.

　앞의 표들은 세일럼의 사례를 분석한 것으로, 〈표 1〉과 〈표 2〉에서 나타난 총계가 다른 이유는 〈표 2〉의 연령분포도에는 연령을 전혀 알 수 없는 16명이 제외되었기 때문이다.

　우선 이 통계를 볼 때 다음과 같은 결론에 도달하게 된다. 마녀로 몰린 희생자 중 41~60세의 기혼여성 혹은 미망인이 가장 많은 비중을 차지했다는 사실이다. 비록 예외가 있기는 하지만 젊은 계층이나 남자들을 살펴보면 대부분 마녀로 고소된 여성의 가족이었다. 이와 같은 사실을 볼 때, 이는 당시 마법 전수라고 하는 것이 '혈연관계'나 '지연관계'를 통해서 전수되는 것이라고 간주했음을 알 수 있다.

　또한, 20세 이하의 경우 여성 희생자가 남성 희생자에 비해 거의 3배에 육박하는데, 이를 통해 세일럼의 마녀사냥에서 미혼일 경우는 주로 20세 이하의 소녀들이 더 많은 희생의 대상이 되었다는 결론에 도달하게 된다.

마녀 이미지 형성의 지적기반

인류 혐오의 역사
-마녀사냥 이야기-

　마녀의 역사는 인류의 역사와 더불어 시작되었다. 그 예로 이미 구석기 시대의 동굴 벽화에서도 그 모습을 찾아볼 수 있다. 고대 아시리아의 바빌로니아인들에게는 마녀와 성관계를 맺는 하급악마를 의미하는 "색마"에 관한 미신이 있었다. 하급악마의 종류는 여성 마녀와 성관계를 갖는 "남색마(Incubi)"와 남성 마귀와 성관계를 갖는 "여색마(Succubi)"가 있다고 알려져 있는데 이러한 악마론은 그리스–로마 시대에 전해졌고, 마녀들의 마법 등의 개념이 정착되었다.

　마녀를 뜻하는 단어 'Witch'의 어원에 대해서는 여러 설이 있는데 그중에 가장 설득력이 있는 것은 고대영어에서 그 기원을 찾는 것이다. 이 이론에 따르면 'Witch'는 남성을 의미하는 Wicca와 여성을 의미하는 Wicce로부터 전해져

▲ 악마를 숭배하는 사람들

내려왔고, '주문을 걸다'라
는 의미를 지닌 Wiccan에
서 파생된 말이다.[16]

또 다른 이론에 따르면
의식이나 제식을 창출하는
나이든 현명한 여인(wise
woman)이라는 뜻을 지니
고 있는 것으로, 이는 여
성, 어머니와 할머니를 긍
정적으로 일컫는 말이었다.

흔히 나타나는 전형적인 마녀의 모습은 늙은 여인인데,
근대 초기의 재판에서 마녀로 고소된 사람 중 대부분이 50
세가 넘은 여성이었다. 근대 초기에 50세라 하면 오늘날보
다 상당히 늙어 보이는 나이었다. 제네바와 에식스 지방에
서 고발된 마녀의 평균 나이가 60세였던 점이 이를 잘 말해
주고 있다.[17] 또한 스위스, 오스트리아, 잉글랜드, 스코틀랜
드 지방의 마녀재판 조서를 연구한 결과 마녀로 고소당한
많은 사람이 나이든 여성들인 것으로 나타났다.

여기서 나이든 여성들은 마을에서 다른 여성의 상담자 역할을 해 주거나 출산을 돕는 산파 역할을 했던 여성으로 밝혀졌다.[18] 이는 다시 말해서, 산파처럼 생명을 다루거나 상담자처럼 조언을 통해서 사람들에게 영향을 끼칠 수 있었던 여성들은 당시 일반적인 여성에게는 허락되지 않았던 힘(power)을 지녔다고 여겨졌다는 것이다.

마녀사냥의 선풍은 합리주의 휴머니즘을 표방한 르네상스의 최전성기에 휘몰아쳤다. 이 선풍의 한가운데서 이것을 부추겼던 사람은 무지몽매한 백성들이 아닌 역대 교황, 국왕, 그리고 재판관들이었다.

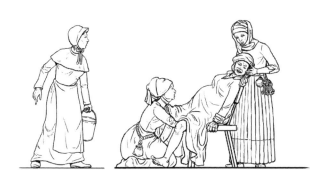

▲ 교황 인노켄티우스 8세
(1432~1492)

1484년 로마교황 인노켄티우스 8세(Pope Innocent VIII)는《법황교서(Summis desiderantes affectibus)》를 통해서 마녀의 행실에 대한 보고와 처벌을 권하는 내용을 전달하고 있다. 이 기록에 의하면 "요즈음 북부 독일과 라인강 유역에서 많은 남녀가 카톨릭에서 벗어나 마녀가 되어 남색마, 여색마에게 몸을 맡겨서 여러 가지 불길한 요술을 부려 전답의 작물과 과실을 썩히고 채소와 가축의 새끼를 죽였으며… 사람들에게 재앙을 주고 있는 것에 우리는 크나큰 슬픔과 고통을 느낀다."라고 되어있다.[19]

프랑스 유명한 정치가이자 사상가로서 당시 매우 영향력이 있었던 쟝 보댕(Jean Bodin)은 그의 저서를 통해 조직적인 마녀술이 유럽에서 광범위하게 행해지고 있다고 주장했으며, 마녀들의 자백이 동 일하기 때문에 유럽의 마녀술이 실제로 존재한다고 믿었다. 그의 저서 《악마의 숭배(On the Demon-Mania of Wiches)》(1580)에서 "느리게 차오르는 생나무 불에 타더라도 마녀에 대한 벌로

▲ 쟝 보댕(1530~1596)

서는 충분하지 않다. 지옥에서 기다리고 있는 영원의 불지옥을 생각하면 이 세상의 불은 마녀가 죽을 때까지 반 시간 이상은 지속되지 않기 때문에 마녀를 화형시키지 않는 재판관은 스스로 재판에 넘겨 불태워져야 마땅하다… 마녀는 어린아이라 할지라도 용서해서는 안 된다. 단지 그 어린 나이를 감안하여 목 졸라 죽인 후 불태우면 좋을 것이다." 라고 쓰고 있다.[20]

마녀에 대한 이미지는 마녀에 관한 자료들에서 소개된 내용을 바탕으로 하여 형성되었다. 대표적인 자료는 오랫동안 북유럽에서 마녀재판의 지침서로 널리 사용되었던 《마녀의

망치(Malleus Maleficarum)》를 들 수 있다. 이 책은 1486
년 초판이 발행되어 1520년 이전까지 무려 14판이나 출
판되었으며 도미니크 수도회 출신인 야콥 슈프렝거(Jocob
Sprenger)와 하인리히 크라멜(Heinrich Kramer)에 의해 쓰
였다.

▲ 《마녀의 망치(Malleus Maleficarum)》

슈프렝거는 바젤 태생의 도미니크 수도회 수사이며, 쾰른
대학 신학부장으로 1481년에 이단 심문관으로 독일 각지에
파견되어 정열적으로 활약했다. 교황 알렉산더 6세(Pope
Alexader VI)는 그의 종교적 열의와 노력을 기려 특별히

감사장을 보낸 바 있다.

또 다른 저자였던 크라멜은 독일 도미니크 수도회 수사이자 신학자로 1474년 이래 독일 각지에서 이단 심문관으로 활동하였고, 1486년 남부 독일의 특별 사법관으로 임명되었다. 1484년 교황 인노켄티우스 8세로부터 자기 임무의 정당성을 확인하는 《법황교서》를 받는 데 성공하였고, 2년 후 자신들이 맡은 사건을 기초로 하여 《마녀의 망치》를 기술하였다. 특히, 크라멜의 경우에는 1482년과 1484년 사이 남서부 독일, 오스트리아 서부, 스위스, 또한 알사스 지방에서 행해졌던 마녀재판을 근거로 이 지침서를 만들게 되었다.[21]

《마녀의 망치》는 매우 인기 있었던 책자로 엘리트와 대중 모두에게 마녀에 관한 이미지를 고착시키는 데 커다란 영향을 끼쳤다. 이 책에서는 마녀를 카톨릭 신앙의 포기, 악마에게 정신과 육체 모두를 통한 봉사, 세례 이전의 아동을 악마에게 제물로 바친 악마와의 성관계를 포함하는 집회에 참석하는 이들로 규정하고 있다.

이 책은 교황의 인가 하에 유럽 전역으로 퍼지게 되면서 마녀재판의 합법적 근거를 제시해 준 지침서로서의 역할을 했다.

《마녀의 망치》는 세 부분으로 구성되어 있다. 제1부는 "마술에 필요한 세 가지 요소 악마, 마녀 및 전능하신 신의 허가에 대해"라는 제목이다. 여기서는 마녀의 실재를 믿는 것이 카톨릭 신앙에 있어서 명백한 이단이 될 만큼 본질적인지 질문을 던지면서 마녀의 이단 논증에 관한 내용을 담고 있다. "악마와 마녀와의 결탁" "남색마와 여색마는 아이를 낳을 수 있을까?"처럼 먼 옛날부터 전승되어 온 마녀 행위를 열거하고, 그 하나하나를 세밀한 신학적 근거와 스콜라학적 논리에 따라 그들의 행위가 결코 관습적인 미신행위가 아니라 이단이라는 것을 입증하고 있다.

제2부는 "마녀가 마술을 행하는 방법 및 그 방법을 무효화시키는 수단에 대해"라는 제목으로 마녀가 하늘을 나는 방법, 악마와 성교하는 방법, 마녀가 사람을 성적 무능이나 불임으로 만드는 방법, 남자에게서 성기를 제거하는 방법, 인간을 짐승으로 바꾸는 방법 등에 대한 해설과 심문관의 대책에 관한 내용이 포함되어 있었다.

제3부는 "마녀 및 모든 이단자에 대한 교회와 세속 쌍방

의 법정에 있어서의 재판방법에 대해"라는 제목을 가지고 있었는데 여기에는 재판의 시기, 증인, 투옥, 체포, 변호, 고문, 심문, 판결 등에 대한 상세한 지시와 조언이 담겨 있다.[22] 이것은 이미 에이메리크의 "이단 심문관 지침"이나 톨케마다의 "이단심문교재" 등이 지시하고 실행해 온 방법을 토대로 '마녀'라는 '각별히 위험한 이단자'를 재판하는 데 어울리는 방법을 구체적으로 설명한 것으로, 그 지시는 매우 꼼꼼하였다.[23]

특히 제3부는 마녀재판에 직접 관여하는 재판관에게 있어서 무엇보다 도움이 되는 부분이었다. 이 책은 질문과 답이 오가는 스콜라식 논쟁 방식을 취했으며, 토마스 아퀴나스의 사상에 크게 의존했다. 그리고 신학자와 법률가의 사상을 다방면에 걸쳐서 광범위하게 인용하였다.

종교적 변화와 마녀사냥의 확산

인류 혐오의 역사

-마녀사냥 이야기-

1. 카톨릭 종교의 위계질서와 종교재판

중세사회의 기독교화 과정은 모든 기독교인에게 모범적인 신앙생활과 진정한 믿음을 갖도록 하였다. 이는 도덕적인 규율을 유지하는 것을 비롯해 교리적, 의식적인 분야를 모두 포함하였다. 성직자들의 설교는 이러한 목적을 이루기 위한 수단이었다. 따라서 성직자들은 미신적인 믿음과 이교 잔재의 청산, 모든 형태의 마술 행위를 금지하였다.

마녀재판은 이러한 이유로 이교도를 처벌하는 수단이 되었다. 마술에 대한 적대감은 주술과 같은 행위를 상대로 마녀사냥을 아주 쉽게 촉발하거나 강화할 수 있었다. 마술에 대한 공격으로 마녀재판은 더욱 증가하였다. 예를 들어,

1580년 로마 특별 재판소는 카톨릭의 개혁 정신에 힘입어 마술과 주술에 많은 관심을 기울였다. 그 결과 수많은 예언, 치료 마술, 주술 행위 등을 재판했으며 이와 동시에 이러한 행위를 한 자들은 마녀재판에 회부되었다.[24)]

중세 말기 기독교 사회에서 사람들은 서로를 의심하는 풍조가 만연해 있었다. 어떤 의미에서 중세 말기는 신앙(belief)의 시대가 아니라 불신(disbelief)의 시대였다는 표현이 더 적절하다고 볼 수 있다. 종교적으로 이단자의 죄명에 붙여진 마녀적 행위에 대한 재판 기록을 보면 마녀가 정치적인 도구로 등장하기 시작하였음을 알 수 있다. 그 전형적인 사례가 템플기사단에 대한 무자비한 마녀재판이었다.

템플기사단은 성지순례의 보호와 성묘 방위를 목적으로 1119년 설립된 수도회로, 서구 전 지역에 지부를 두고 13세기 말에는 막대한 토지와 부를 가진 대부호가 되었다. 당시에 경제적으로 곤란을 겪고 있던 프랑스의 필립 4세는 이재산에 관심을 가졌고 자신이 교황 자리에 오르도록 도와준 클레멘스 5세를 앞세워 1307년 전 유럽에 이단 심문을 시작하였다. 필립 4세는 서구 각국으로 서한을 보내 기사단 탄압을 요청했다. 교황 클레멘스 5세도 이것을 본보기로 하여 여러 나라의 원수에게 기사 탄핵의 고발이유 수십 항목을 제시하여 이단 심문을 요청했다. 이로 인해 고문과 판결과 화형, 그리고 재산 몰수가 서구 각지에서 행해졌다.

역사가 쥘 밋쉘(Jules Michelet)은 그녀의 저서에서 마녀에 대한 고정관념을 비판하면서 마녀는 추하고 늙은 사악한 마녀만이 존재하는 것이 아니고, 죄인이기보다 중세교회 질서의 "희생양"으로 보아야 한다고 주장하였다.[25] 이는 다시 말해서, 중세 말 마녀재판이 종교재판의 이름으로 성행했다는 것을 의미하는 것이기도 했다.

▲ 성 바츨라프 대성당(체코 공화국)

인류 혐오의 역사 – 마녀사냥 이야기

중세 말 근대 초 유럽에서 발생한 마녀사냥은 종교적 재판 형식을 띄우며 전개되어 갔다. 교황의 절대권력 유지를 위해서는 엄격한 '위계질서' 유지가 필요했는데 마녀재판이 카톨릭 종교의 위계질서를 유지하는 데 매우 중요한 역할을 하게 되었다.

　이러한 종교변화 중 가장 중요한 요소는 종교개혁이었다. 마틴 루터(Martin Luther)와 장 칼뱅(Jean Calvin)과 같은 초기 프로테스탄트 개혁자의 주요목표는 초기 기독교의 순수함으로 돌아가는 데 있었다. 그것을 실현시키는 과정에서 그들은 카톨릭 미사를 없애거나, 성직자의 역할을 바꾸었다. 그들은 다른 어떠한 종교적 기관이나 요식행위보다도 신과 인간의 직접적인 관계를 주장함으로써 성직자의 역할을 무시했다. 그들은 모든 신자는 성서를 직접 읽음으로써 구원을 받을 수 있다고 주장하였는데 이러한 개념은 카톨릭의 위계질서를 무시하는 것이었다.[26]

　지리적으로 마녀재판이 온 유럽에 걸쳐 불균형하게 분포되었다는 사실은 종교분쟁이 마녀사냥과 어느 정도 관계가 있었음을 암시하고 있다. 마녀사냥은 한 국가 내에서 소

▲ 마틴 루터(1483~1546)

수 종파의 집단이 많이 거주한 지방에서, 국가 사이에서는 이웃 국가의 주민이 신봉하는 종파가 서로 상이한 곳에서 가장 심하게 나타났다.

그 예로, 독일, 스위스, 프랑스, 폴란드 그리고 스코틀랜드에서 마녀사냥이 가장 심했는데, 이 나라는 모두 여러 이질적인 종파가 혼재해 있던 곳이다. 수백 개의 정치 단위로 구성된 신성로마제국에서는 대부분 제후가 자신이 지배하는 지역의 종교를 결정했다. 따라서 일부 지방, 특히 북부 지방은 루터파가 되었고, 나머지 지방은 카톨릭으로 남아 있거나 칼뱅파가 되었다.

프랑스는 이 시기에 표면상 카톨릭으로 남아 있었으므로 사정이 좀 달랐다. 그러나 칼뱅파는 많은 지역에서, 특히 지방 귀족이 칼뱅파로 개종한 지역에서는 상당한 세력을 확보했다. 프로테스탄트에서 카톨릭으로 개종한 앙리 4

세는 16세기 말 쓰라린 종교
전쟁을 겪은 후 1598년 낭트
칙령을 공포했는데 1685년 이
칙령이 폐지되기 전까지, 위그
노라 불리는 칼뱅 소수파가
17세기 내내 존속하게 되었다.

△ 장 칼뱅(1509 - 1504)

　위의 경우와 같이 마녀사냥
이 종교적으로 분열된 지역에서 더 광범위하고 집중적으로
일어났던 반면에 종교적으로 같은 종파 또는 하나의 종교
를 가진 지역에서는 마녀사냥이 심하게 일어나지 않았으며,
상대적으로 그 처형 수도 적었다. 이러한 상호관계를 가장
보여주는 대표적인 예는 스페인과 이탈리아이며, 이들 국가
는 종교개혁 기간에도 철저히 카톨릭교를 신봉했다.

　그러나 이들 두 국가에서도 마녀사냥이 전혀 없었던 것
은 아니다. 스페인에서 1520년대와 1610년에서 1614년 사이
에 바스크 지방에서 대규모 마녀사냥이 발생했으며, 북부
이탈리아는 15세기 16세기 초에 마녀재판이 지속적으로 열
렸다. 하지만 이들 국가에서는 16세기 말에서 17세기 초의

독일, 프랑스, 스위스에서 일어났던 것과 같은 집단적 광기는 보이지 않았으며, 마녀재판에 의해서 처형된 마녀의 수도 비교적 적었다. 영국과 스코틀랜드로부터 프로테스탄트가 많이 들어왔지만, 계속 카톨릭으로 남은 아일랜드에서도 마녀로 처형된 경우가 매우 드물었다. 그러므로 종교적 분열이나 갈등과 마녀사냥 사이에는 상관관계가 있다고 볼 수 있다.

마녀사냥은 대중 신앙에 대한 박해 수단으로 이용되기도 하였다. 중세 말 마녀사냥에서의 많은 희생자는 대중적인 전통신앙을 신봉한 여성들이었다. 악마와 마녀에 대한 신앙은 대개 전통신앙과 결부되어 있었고, 전통신앙은 모든 "계시종교"의 대립물로 존재해 왔다는 사실이 이를 말해준다. 여성 전통에 있어서 마녀 신앙은 공동체적 힘을 여성에게 부여해 줄 수 있었고, 이는 곧 가부장적, 카톨릭적 위계질서를 위협하는 세력이 되었다.

마녀로 기소되는 여성들은 순종적이어야만 하는 기존 사회의 개념을 거역하고 남성우위에 대해서 도전적인 여성들로서 마녀사냥은 이들에 대한 박해를 통해서 남성권위를 지키려는 시도로 볼 수 있다. 이는 마녀재판에서 수많은 여성 주술가나 치료사들이 희생되었다는 점에서 알 수 있다.

여성 주술가나 치료사들은 당시 보통 여자들이 지니지 못했던 능력을 보유하고 있었다. 우선 주술가들은 예언능력이 있었고, 호전적인 성격에 지혜로움을 가지고 있어 마을의 상담자 역할을 했다. 특히, 마을 여성들은 전통신앙을 고수하면서 이들을 중심으로 모임으로써 공동체적인 힘을 보유하고 있었다.

▲ 중세 농민 가족(David Teniers, 1640-70)

'현명한 부인(wise women)'이라 불리는 이 여성들은 아주 다양한 민간요법을 알고 있었고, 주로 식물과 연고를 이용하여 병을 치료하였다. 이들 민간요법의 대부분은 마술적인 것으로 간주되었다. 왜냐하면, 이 요법은 풀이나 나무 등 천연재료를 사용했는데, 현명한 부인들은 이 재료에 미신적인 기도를 곁들었기 때문이다. 대중 신앙은 대부분 교회를 통해 신의 계시를 받는 것이 아니라 개인적으로 직접 받는 것이었기 때문에 이것은 교회의 존립을 위협하는 행위였다.

따라서 카톨릭 종교에 있어서 마녀사냥은 종교재판이라는 명목으로 대중 신앙을 박해하는 좋은 수단으로 활용되었다. 그 예로는 영국과 프랑스 간의 백년전쟁에서 프랑스가 승리하는 데 큰 공을 세운 쟌다르크의 경우를 들 수 있다. 역사적으로 잘 알려진 쟌다르크 이야기는 이단 심문으로서의 마녀재판을 받은 경우를 잘 보여주고 있다.

중세 말 프랑스 작은 시골 마을의 소녀 쟌다르크는 교육을 전혀 받지 못했지만 신앙심이 강했으며 대중 신앙을 통해 초자연적인 힘을 계시받고 프랑스의 승리를 위해 백년전쟁에 참여하였다. 어린 시절부터 마을에 있는 느티나무 밑에서 기도를 하며 신앙생활을 해 오던 어느 날 그녀는 신으로부터 계시를 받게 되었다.[27]

그녀의 신앙은 전통적인 신앙의 대표적인 예로서 이는 그녀의 개인적 영감이 사회적 질서를 위협하는 것으로 판명됨에 따라 1431년 5월 30일 마녀로 몰려 처형되었다. 쟌다르크의 죄명은 '마술사', '악마의 기도사' 등이었다. 그리고 2년 후 그녀를 마녀로 몰아 처형시킨 바로 그 교회에 의해서 성녀로 다시 선포되었다.

쟌다르크의 경우를 볼 때 대중 신앙을 신봉한다는 것은 당시 카톨릭 종교의 위계질서에 대한 큰 저항을 의미했고, 당연히 종교재판에 의해 마녀로 처형되는 경우가 많았음을 알 수 있다.[28]

▲ 〈Joan of Arc〉, 파리 팡테옹 미술관

2. 청교도적 종교관과 가부장적 악의 개념

뉴잉글랜드 식민지 개척자들은 대부분 청교도였고 그들의 정체성은 당시 종교적·문화적·사회적 또는 정치적 풍토까지도 지배하였다. 뉴잉글랜드 사회에서 청교도들은 영국 관례법(English Common Law)을 기초로 하여 결혼의 신성함과 가부장적 권한을 바탕으로 한 가족을 중시하는 문화를 형성하였다.

또한 전통적인 여성상은 남편의 보호 아래 있는 아내(coverture)의 개념으로, 여성의 재산권은 철저하게 남편에게 귀속되었다. 아내의 종속성이라는 것은 문화적·사회적·법적인 제한일 뿐 아니라 경제적인 상속이 아버지로부터 남편에게로 넘어가는 것을 의미했다.

심지어 미망인들에게조차도 법적으로 재산이용권이 허락되었지만, 대체로 장년이 된 아들이나 남자 친척의 재정적 또는 감정적 보호를 받아야 했다.[29] 청교도 지도자들은 특히 여성의 미덕을 강조하면서 그들이 가정을 위해 지켜야 할 임무를 충분히 수행하지 못할 경우 사회가 어떻게 파괴될 수 있는지 설파하였다.

뉴잉글랜드에 정착한 청교도들은 자신들만의 핵심적인 신앙심을 기초로 믿음을 쌓아갔다. 그들은 부패했다고 생각하는 영국교회를 뒤로한 채 자신들만의 핵심적인 원리를 구축하면서 마을 공동체나 가정이 사회적·문화적·종교적 생활보다 훨씬 중시되는 생활은 해나갔다.

윌리엄 구즈(Willliam Gouge)는 청교도들에게 가정이란 "작은 교회이자 작은 공동체이고 최소한 그들을 대변하는 기관이다"라고 쓰면서, 여기서 남성은 곧 여성들의 신(God)임을 주장하였다.[30] 또한 벤저민 웨즈워스(Benjamin Wadsworth)는 자신의 저서에서 "남편은 아내를 지배하고, 아내는 집과 가정의 한 부분으로서 남편의 지배를 받아야 한다"고 쓰고 있다.[31]

이러한 사회체제 속에서 '남성적인 활동'(masculine activity)을 했다는 이유로 고소되었던 앤 허친슨(Ann Hutshinson)과 같은 여성은 뉴잉글랜드에서 청교도 정통성에 도전하는 위험한 여성으로 간주되었다.[32] 청교도들에게 그녀는 사적인 종교모임을 통해 목회자들에 도전했던 여성

인류 혐오의 역사 – 마녀사냥 이야기

이었으며, 법에 대한 문제 제기나 수동적인 남편에 대한 불복종은 그녀를 영토에서 추방하는 데 충분한 근거를 제공해 주었다.

뉴잉글랜드 여성들에게 요구되는 또 다른 특징은 종교적인 신성함(piety)이었다. 이러한 종교적 신성함은 뉴잉글랜드 식민지에서 가장 중요하게 요구되는 특징이었다. 이는 가정의 중요성을 의미하기도 했는데, 가정은 종교 생활의 핵심부로서 작은 교회였고 모든 아내는 하인과 자녀와 남편의 정신건강을 책임져야 하는 의무를 지니고 있었다. 교회는 남성이나 여성 모두에게 평등하게 열려 있는 듯 보였으나 교회의 공적인 일을 수행하기 위한 투표권은 오로지 남성에게만 주어졌다.

게다가 교회의 성직자나 웃어른들이 결정되면 그들은 그 집단에 관해 결정할 수 있는 모든 권리를 부여받았다. 가정과 마찬가지로 교회는 가부장적인 권력 구조로 형성되었다. 여성들에게도 교회 성도들과 더불어 기도할 수 있는 권리가 부여되었지만, 성도들을 대표해서 앞에 나가 기도할 기회는 남성들에게만 주어졌다. 심지어 사적인 종교모임에서도 여성들은 다른 여성들을 위해서만 기도가 허용되었다.

비록 청교도 지도자들은 성도들에게 철저하게 성경을 읽을 것을 주장하였지만 학교 교육을 통해서 언어, 논리, 신학, 수사학 등을 익힌 사람들에게만 이러한 것들이 가능해 보였다. 여기서 중요한 것은 뉴잉글랜드의 경우 남성의 1/2만이 글을 읽을 수 있었고, 여성은 대학교육으로부터 철저하게 배제되었다는 점이다.[33] 청교도 원칙에서는 종교적 권한으로 여성을 교육받을 권리로부터 배제함으로써 효과적으로 여성들의 투표권을 박탈하였다. 여성들의 목소리는 남성들의 대표적 권한에 의해 침전될 수밖에 없었고 권한이 없이는 여성들 스스로 종교적 결정권마저 가질 수 없었다.

이렇게 청교도 원리에 기초한 모든 생활은 철저하게 젠더 질서에 입각한 것이었다. 뉴잉글랜드의 마녀사냥은 여성들의 낙태, 영아살해, 혼외출산 등뿐만 아니라 아내 구타, 간통 또는 여성들의 성적 환상과 관련된 젠더 정치와도 깊은 관계가 있었다.

마녀재판은 여성과 남성 사이의 관계에서 발생하는 갈등을 다루는 중요한 수단으로 사용되었다. 낙태, 영아살해, 혼외출산과 같은 죄를 행한 여성들은 재생산능력과 관련된 사회의 규칙에 순응하지 않는 경우에 해당되었다.[34] 영아살해와 관련된 경우를 보면 1656년 코네티컷(Connecticut)에 사는 메리 파슨스(Mary Parsons)가 출산을 하던 중 영아가 사망하였다. 당시 출산을 도왔던 이웃 여성 세라 브리지맨(Sarah Bridgman)은 메리의 남편인 조셉 파슨스(Joseph Parsons)에 의해 마녀로 고소를 당하였다. 첫 번째 소송에서 메리는 이웃의 증언으로 처형을 면할 수 있었으나, 1674년 다시 이 문제가 법정에 제기되어 결국 처형을 당하게 되었다.[35]

마녀사냥과 젠더 정치의 관계는 1669년 코네티컷에서 발생한 사건에서 더욱 명확히 나타났다. 스탬퍼드(Stamford)의 세라 디블(Sarah Dibble)은 남편 재커리(Zachary)를 육체적 학대로 고소하였다. 그는 아내의 주장을 전적으로 부인했고 그녀의 몸에 난 멍들을 마녀의 증거라고 주장하였다. 법정은 이러한 아내의 고소를 인정하지 않았을 뿐만 아니라 그녀를 오히려 마녀로 처벌하였다.[36]

뉴잉글랜드에서 발생한 마녀사냥은 유럽의 경우와 같이

여성이 악(Devil)의 개념과 더욱 밀접한 관계가 있다는 것을 전제로 하였다. 뉴잉글랜드에서 마녀들이 이웃에게 고통을 주는 방법으로 원한을 푸는 것은 사회적 또는 자연적 질서를 어지럽히는 것으로 간주되었고, 이는 그들의 진술에 사용된 언어나 성적 내용 등을 통해서 나타났다.

마녀들의 많은 죄목 중에서 가장 명확한 죄목은 '악령이 들린 상태'였다. 이 개념에 따르면, 청교도들에게 마녀는 신의 숭배를 멀리하고 악의 숭배를 불러오는 존재였다. 사실상 그들 이웃의 영혼을 파멸시키는 것은 마녀들의 다른 악행에 해당되었다. 청교도 목사들은 마녀들이 타인을 죄로 인도하는 대부분의 경우 '악령이 들린 상태'에서 비롯된다고 설명하면서 초기 단계로부터 마녀들은 그들의 희생자들에게 물질적 보상, 배우자, 노동으로부터의 해방 등의 방법을 이용한다고 주장하였다.

매사추세츠 치안 판사들이 메리 틸턴(Mary Tilton)을 추방할 때 "이 마녀는 집집마다 돌아다니며 사람들을 꼬임에 빠지게 하였으며 심지어 어린 소녀들에게도 접근했고 그들

인류 혐오의 역사 – 마녀사냥 이야기

에게 퀘이커(Quaker)교에 가입할 것을 종용했다"고 주장하였다. 이러한 '악령이 들린 상태'는 억압된 성적 충동의 요소를 포함하고 있었다.[37] 마녀들은 또한 남성을 유혹하는 색마로 묘사되었지만 이러한 것은 마녀들이 다른 여성들을 유혹하는 것과는 매우 다르게 묘사되었다.

▲ 《마녀의 발견》(매튜 홉킨스, 1647) 속표지

▲ 〈Hexe mit Satan〉(Holzschnitt um 1500)

마녀들은 여성들을 악령을 통해서 유혹하지만 남성의 경우는 이러한 유혹의 경로를 택한 경우가 거의 없었다. 남성들에게 그래도 유혹의 과정에 가장 근접한 경우는 그들의 침대에 초대받지 않은 마녀들이 침입하여 자는 동안 그들을 공격해 왔다고 주장하는 것이었다. 많은 증언을 통해서 보면 마녀들은 성적으로 자신을 통제하지 못하는 여성들의 소행으로 간주되었고, 이러한 여성들은 사회에서 규정하는 성적인 행동규범을 스스로 잘 지킬 수 없는 여성들로 묘사되는 경우가 많았다.

또 여성들의 마녀재판에서 흔히 대두하는 것은 여성들의 간통죄에 관한 것이었다. 1622년 하트포드(Hartford)의 엘리자베스 시거(Elizabeth Seager)는 마녀인 동시에 간통죄(adultery)로 또한 고소된 상태였다. 이는 1699년 마녀로서 그리고 남성과 성적 관계를 맺은 죄목으로 고소된 수잔나 마틴(Susanna Martin)과 같은 경우였다.

마녀재판에 고소된 여성들은 매우 음탕한 여자로 묘사되지만 그들의 구체적인 성적 범법행위에 관해서는 재판 중 언급되지 않는 경우가 많았다. 이는 범법행위를 저지르지 않았음에도 불구하고 마녀로 고소되는 경우가 많았기 때문으로 해석될 수 있다. 1692년 52세의 레베카 앤도버 (Rebecca Andover)가 그녀의 정신과 몸 모두를 악마에게 팔아넘겼다고 증언했을 때도 그녀는 스스로 간통을 저질렀다고 강요에 의한 자백을 할 수밖에 없었다. 악마를 숭배하는 것으로 고소당하는 것은 때로는 신이 잘못된 성적 관계를 유지하는 여성들에게 형벌을 가하는 것으로 해석되었다.[38]

식민지 시대 마녀는 또한 이웃의 건강이나 복지(well being)를 통제할 수 있는 능력을 상징하기도 했다. 대부분 마녀로 고소된 여성들은 이웃이나 가족의 질병·죽음·사고 등의 원인 제공자가 되었다. 산파나 치료사들은 영아살해, 기형아 출산 그리고 낙태로 고소된 여성들과 같이 그들이 사람의 삶과 또는 육아에 책임이 있기 때문에 고소당할 확률이 높았다.

보스턴의 제인 호킨스(Jane Hawkins)는 1636년부터 1637년에 발생한 안티노미안(Antinomian) 논쟁 이후 매사추세츠에서 추방되었다. 1637년 산파였던 제인 호킨스는 당시 산모였던 메리 다이어(Mary Dyer)가 기형아를 출산한 것이 안티노미안에 대한 신의 분노라는 판사들의 결정에 따라 추방되었던 것이다. 이에 대해 매사추세츠 최초의 총독인 존 윈드롭은 기형아 출산이 종교적 이단, 여성의 성 그리고 마법과 밀접한 관계가 있다고 기록하였다.

이러한 관점은 1650년대 매사추세츠 식민지 정부가 퀘이커 여성 선교사들을 처리하는 데 큰 영향을 끼쳤다. 목회자나 치안 판사들이 설명하는 마녀의 유혹은 여성의 산파나 치료사로서의 역할뿐만 아니라 여성들의 재생산능력을 의미하였다. 이는 다시 말해서 여성의 출산과 양육과 보살핌의 역할들이 어린아이 대신에 악마를 낳도록 유도하고, 또한 치료보다는 독약을 나누어주는 마녀들의 행위로 오인되는 것을 의미했다.

코튼 마더는 마녀의 '유해한 환심'(poisonous insinuations)은 마을 사람들을 악에 물들이면서 격심한 역병처럼 번지고 있다고 쓰고 있다. 1600년대 이단 종교지도자였던 앤 허친슨의 경우도 다른 목회자나 부인들처럼 일반적인 치료를 담당했었다. 이에 대해서 존 윈드롭(John Winthrop)은 앤 허친슨이 "마을 주민들의 병의 치유와 출생의 시기에 큰 도움을 주면서 엄청난 영향력을 행사해왔다"고 기록하였다.[39] 마녀로 고소된 여성들 대부분은 간접적으로 사회의 권력체계에 대해서 불만족을 표현했다. 그리고 그들은 신에 대한 또한 남자들에 대한 저항을 통해서 마녀에 대한 두려움을 불러일으켰다.

의학적 지식이 풍부한 여성들도 문제의 그룹에 속하였다. 이러한 여성들은 그들의 가족과 이웃에게 해를 입힌다는 이유로 마녀로 고소되는 경우가 많았다. 식민지 시대에는 모든 여성이 그들의 가족을 위한 치료에 책임이 있었기 때문에 실질적으로 치료사의 정확한 수치에 관해서는 기록이 남아 있지 않다. 의학적 지식은 주로 어머니로부터 딸에게 전수되었는데, 식민지 시대 많은 사람은 이것을 마법이 전수되는 통로와 같다고 생각하였다.

당시 가정주부들을 위한 지침서에는 요리방법뿐만 아니라 "통증, 두통, 상처 등을 위한 의학 처방" 등이 담겨 있었다. 마녀로 고소된 사람들 중에는 린(Lynn)의 앤 버

트(Ann Burt), 뉴버리(Newburry)의 엘리자베스 모스
(Elizabeth Morse), 웨더필드(Wethersfield)의 캐서린 해리
슨(Katherine Harrison)과 같이 의료서비스를 통해서 생계
를 꾸려가던 여성들도 있었다.[40] 이 여성들은 당시 의학계
를 독점한 대다수의 남자들과 경쟁해야 했다.

17세기 초반 의학계에 있는 남자들은 여성들을 전문적인
교육에서 배제하거나 마녀로 고소함으로써 의학계에서 철
저히 제외하려 하였다. 17세기 초기 뉴잉글랜드 지방에서는
의사가 부족했고 의료서비스 또한 아직 성립되지 않았기
때문에 의료업무의 많은 부분을 여성들에게 의존하고 있었
다. 따라서 의사들에 의한 여성 의료인 고소는 바로 뉴잉글
랜드 지방의 마녀재판이 남자 의사들과 경쟁 관계에 놓여
있었던 의료계의 여성들을 처벌하는 기능을 수행하였다고
볼 수 있다.

17세기 뉴잉글랜드 지방에서 여성들에 대한 악의 개념
은 선의 개념보다 훨씬 보편적으로 받아들여졌다. 여성들
을 악과 결부시켰다는 것은 "여성들의 입은 타락했다. 그들
의 혀는 스스로를 변호하고 다른 사람들을 꾸짖고 매도하

고 비방한다. 또한 그들의 입술은 거짓과 허위를 말한다"[41] 등의 내용을 통해 알 수 있다.

역사가 캐럴 칼슨은 꾸짖는 것은 부정적인 의미를 함축하며 성난 여자들의 낙인이 되었고 곧 '마녀'와 동의어가 되었다고 설명하였다.[42] 여성들은 흔히 변덕이 심하고 일관성이 없으며 교활한 것으로 묘사되었다. 여성들은 나약함뿐만 아니라 또한 그들의 힘(power) 때문에 사탄에 의해 유혹을 받는 것으로 간주되었다.

17세기 말 뉴잉글랜드에서 발생했던 마녀사냥 경우 젠더의 문제는 모든 과정을 통해서 철저하게 적용되었다. 마녀재판으로 인해서 형벌이 가해진 경우에도 남성 피고소인이 훨씬 가벼운 처벌을 받았으며, 처형을 당한 여성과 남성의 비율도 4:1로 나타나고 있다. 마녀재판으로 처형당했던 여성들 대부분은 어느 정도 경제적인 독립성과 능력을 지녔으면서 남편이 없거나 자기 재산을 물려줄 상속인이 없는 경우였다. 이렇게 마녀재판에서 경제적 요소는 매우 중요했고 마녀로 규정된 여성들은 주로 빈곤계층 출신이기보다는 오히려 모든 계층에 해당되었다.

인류 혐오의 역사 – 마녀사냥 이야기

여성들의 경우 경제적 지위는 그들의 결혼상태(marital status)와 매우 밀접한 관련이 있었다. 일반적으로 마녀에 대한 처형에서 기혼여성과 미혼여성은 전혀 다른 기준이 적용되었다. 세일럼에서는 마녀로 고소된 몇몇 여성은 부유한 남편 덕에 처형 전에 자유롭게 풀려날 수 있었다.

고소된 여성들 가운데 500파운드 이상의 재산을 소유한 부유한 계층의 기혼여성은 구속되었더라도 처형되지 않았다. 남편이 200~500파운드의 재산을 소유한 여성의 경우에는 처형으로부터 완전히 자유로울 수는 없었지만, 그들보

▲ 세일럼 마녀재판 광경

다 빈곤한 계층의 여성들에 비해서는 어느 정도 자유로웠다.

그렇기 때문에 마녀사냥으로 처형된 여성들 대부분이 200파운드 이하의 재산을 보유했던 것으로 나타났다. 이러한 경우는 마녀사냥에서 경제적인 조건이 재판과정 상 중요한 요소로 작용했었다는 점을 명백히 보여준다.

하지만 남편이 없는 경우에는 재산 소유의 정도가 여성들의 처형에 아무런 영향력을 행사할 수 없었다. 예를 들어 뉴헤이븐(New Haven)의 엘리자베스 고드만(Elizabeth Godman), 웨더스필드(Wethersfield)의 캐서린 해리슨(Katherine Harrison), 보스턴(Boston)의 앤 히븐스(Ann Hibbens)는 상당한 재산을 소유하고 있었음에도 불구하고 마녀로 고소된 경우이다.

이 가운데 코네티컷의 웨더스필드에 거주하는 미망인 캐서린 해리슨의 경우를 보면, 그녀가 마녀로 고소되었을 당시 재산은 남편에게서 상속받은 929파운드를 소유하고 있었다. 그녀가 법정에서 재판을 받을 당시 이웃들에 의해 밝혀진 내용은 그녀가 주술가로서 몇몇 이웃에 대해 심한 비방을 했으며 마법을 지니고 있었다는 점이다.[43] 캐서린의 경우를 보아도 그녀가 미망인이었기 때문에 마녀재판의 모든 과정을 통해서 재산 소유의 정도는 아무런 영향력을 발휘하지 못했다. 그러나 만일 그녀의 남편이 이 정도의 재산을 소유하고 있었다면 충분히 처벌을 피했을 것이다.

여성들에 대한 마녀사냥은 식민지 시대 재산상속의 관습과 더욱 밀접한 관계가 있었다. 뉴잉글랜드 지방에서의 재산상속은 사망 당시보다는 자녀의 결혼 시기에 많이 이루어졌다. 재산상속은 대부분 자녀의 성별에 따라 차이를 보였는데 아들은 부동산을, 딸은 대개 동산을 상속받았다. 재산상속의 정도는 아버지의 재산 소유 상태나 그 밖의 여러 상황에 따라 차이를 나타냈지만, 대부분 딸은 아들의 1/2 정도를 상속받았다.

법률에 의한 것은 아니었지만 관습에 의하면 남성의 사망 시 재산상속에 두 가지 예외가 있었다. 첫째, 사망한 남성에게 아내가 있을 경우 미망인은 남편재산의 1/3에 해당하는 부분을 '과부유산'(bywaydower)이라는 명칭으로 받았으며 살아 있는 동안에 생계유지를 위해 사용할 수 있었다. 하지만 이 경우에는 사용권에 해당하는 것이었기 때문에 이러한 재산을 낭비하거나 매매할 수는 없었다. 자녀를 돌보기 위해 재산을 팔아야 하는 경우에는 법정의 허락 아래 동산에 한해서 처분할 수 있는 권한이 주어졌다.

둘째로, 남편이 유언을 남기지 않는 경우 법정에서는 나름대로 규칙을 가지고 재산을 상속해 주게 되어있었다. 미망인에게 상속재산의 1/3에 해당하는 몫이 먼저 분배되었고 특별한 경우가 아니면 나머지 2/3는 아들과 딸들에게 각각 상속되었으며 장자에게는 2배에 해당하는 재산이 상속되었다. 만일 아들이 없는 경우에는 딸들에게 상속되었다. 그리고 자녀가 성인이 아닌 경우에는 그 어머니나 법정에서 지정하는 보호자가 일단 자녀가 성인이 되거나 결혼을 할 때까지 관리하였다. 미망인이 소유하고 있던 1/3에 해당하는 재산도 그 나머지 2/3와 같은 방법으로 분배하였다.[44]

뉴잉글랜드 지방에서 어떤 경우에도 대부분의 재산권은 남성에 의해서 행사되는 것이 관례였다. 남편은 부인의 동의 없이 재산을 매매할 수 없었지만, 남편의 사후 이 재산

인류 혐오의 역사 – 마녀사냥 이야기

은 자녀들에게 돌아갔다.[45] 이것이 여성들이 상속재산으로부터 아무런 혜택을 받지 못한다는 것을 의미하지는 않는다. 여성들은 생활을 유지하기 위해 상속재산을 사용하였지만 소유권이 없었기 때문에 여성들에게 완전한 경제적 독립성을 가져다주지는 못했다.

그러나 재산상속 문제에서 이러한 관계가 항상 적용되는 것은 아니었다. 때에 따라서 남자상속자가 없는 가정의 여성들은 융통성 있는 법의 해석을 통해서 더 많은 몫의 재산을 상속받을 수 있었는데 이 경우의 여성은 특히 매우 쉽게 마녀사냥의 희생자가 되었다.[46]

이것은 경제적으로 함축적인 의미를 지니고 있었다. 즉 직계가족 중 상속받을 적자가 없는 경우의 여성들은 재산을 상속받기로 되어있었고, 이러한 여성들은 남성 중심의 재산 상속제도에서 궤도를 이탈한 여성들이었다.

〈표 3〉 남자형제 또는 아들 유무에 따른 뉴잉글랜드 마녀 분류(1620-1725)

유형	남자형제/아들(무)	남자형제/아들(유)	총계
고소	96(61%)	62(39%)	158
재판	41(64%)	23(36%)	64
유죄	25(76%)	8(24%)	33
처형	17(89%)	2(11%)	19

* 출처: Carol F. Karlsen, The Devil in the shape of a Woman, p. 102.

뉴잉글랜드 마녀사냥의 경우를 분석해 보면, 마녀로 고소된 여성들 가정의 출생률이나 사망률의 패턴이 있었다.

뉴잉글랜드에서 고소된 여성들 대다수는 형제가 없는 또는 아들이 없이 딸만 있거나 결혼 후에도 자식이 없는 여성으로 나타났다.

마녀로 고소된 여성 267명 중에서 158명이 남자상속자의 유무가 밝혀졌는데 그중 39%에 해당하는 62명은 상속자가 있었고 61%의 96명은 상속자가 없는 경우였다. 더욱 놀라운 사실은 고소당한 여성들 가운데 아들이나 형제가 없는 경우에는 처형된 확률이 높았다는 사실이다. 고소된 여성의 64%는 남자상속자가 없는 경우였고, 재판을 받은 여성의 76%는 유죄임이 판명되었으며, 그중 89%는 처형되었다.

이러한 통계적인 수치는 중요한 의미를 가지는데, 그 이유는 상속해 줄 형제나 아들이 있는 62명 중 18명의 여성들 그 자신이 형제나 아들이 없는 상속자의 딸이거나 손녀딸인 경우였기 때문이다. 통계상 18명은 비교적 젊은 여성들로서 그들의 직계가족으로부터 마법을 전수받았을 것이라고 믿어졌기 때문에 고소된 그룹이었다.

〈표 4〉 남자형제 또는 아들 유무에 따른 뉴잉글랜드 마녀분류(1620-1725)

유형	남자형제/아들(무)(여성)	남자형제/아들(무)(딸/손녀딸)	남자형제/아들(유)	알 수 없음	총계
고소	96(36%)	18(7%)	44(16%)	109 (41%)	267
재판	41(48%)	6(7%)	17(20%)	22 (26%)	86
유죄	25(56%)	0(0%)	6(13%)	12 (27%)	45
처형	17(61%)	0(0%)	2(7%)	9 (32%)	28

* 출처: Carol F. Karlsen, The Devil in the shape of a Woman, p. 103.

이 통계표는 형제가 없는 여성들의 딸이나 손녀들을 분리해 놓은 것이다. 이 표를 보자면 남자형제와 아들이 없는 여성들이 특히 손쉬운 공격대상이 되었다는 것을 알 수 있다.

그러나 여기서 더욱 중요한 것은 재산상속권이 있거나 그러한 잠재력을 가지고 있는 여성들이 마녀로서 고소되기 전과 후를 비교해서 그들에게 어떠한 변화가 있었는가 하는 점이다. 마녀로 고소된 여성들 중 상속자가 없는 사례를 살펴보면 대부분 아버지, 남편, 남자형제 또는 아들이 사망한 직후에 마녀로 고소되는 경우가 많았다. 수잔나 마틴(Susanna Martin), 마르사 캐리어(Martha Carrier) 그리고 앤 히븐스(Ann Hibbens) 등이 이 경우에 해당되었다.[47]

수잔나 마틴은 1669년 매사추세츠의 에임즈버리(Amesbury)에서 마녀로 고소된 중년여성이다. 1692년 그녀의 남편 조지 마틴(George Matine)이 투옥된 후 수잔나는 마녀로 고소되었고, 바로 재판을 받았다. 평소에 그녀와 친분이 있었던 이웃들조차도 그녀에게 불리한 증언을 하였고, 그녀는 자백을 강요받았으나 끝내 저항하였다.

1692년 세일럼에 거주하고 있던 마르사 캐리어는 이웃으로부터 마녀로 고소되었다. 그녀가 재판을 받기 전 자녀들 또한 마법을 전수받았다는 이유로 재판에 회부되었다. 딸들은 법정에서 어머니로부터 마법을 전수받았다고 자백한 후 감금되었다.[48]

1656년 보스턴에서 고소되었던 늙은 앤 히븐스의 경우는 그녀 이후의 마녀재판에 회부되었던 여러 사람의 경우와 비교해서 많은 영향을 끼쳤다. 그녀는 1630년 매사추세츠로

건너온 두 번째 남편 윌리엄 히브스(William Hibbens)와의 사이에서는 아이가 없었다. 윌리엄은 1654년 사망하였고, 2년 후 그녀는 재판에 회부되었다. 비록 윌리엄의 유언장은 남아 있지 않았지만 그는 아내에게 상당한 유산을 남겼던 것으로 알려져 있다.[49]

MARTHA COREY AND HER PERSECUTORS.

▲ 마녀로 고소되어 감옥에 갇힌 마르사 코리(1692)

1692년 당시 세일럼에 거주하고 있던 마르사 코리
(Martha Corey) 또한 이 경우에 해당되었다. 가일 코리
(Gile Corey)는 마르사(Martha)와 결혼하기 전 이미 두 차
례의 결혼을 통해서 딸이 둘 있었다. 상속받을 아들이 없
는 가일은 상당한 부동산을 가지고 있었다. 그 재산은 당
연히 그의 아내나 딸에게 넘겨주기로 되어있었다. 가일 코
리가 처형되고 난 후 마르사와 가일의 전(前) 부인의 딸인
앨리스 파커(Alice Parker)는 그들의 이웃들로부터 험담을
하고 다닌다는 이유로 1692년 마녀로 고소되었다. 그들은
결백을 주장하였지만 결국 교수형에 처해졌다.[50]

뉴잉글랜드 여성들은 남자 친척이 살아 있는 경우에도
마녀로 고소되거나 처형당하는 경우가 있었다. 이것은 여성
이 남성에 비해서 상속분이 많은 경우에 해당되었다. 마블
헤드(Marblehead)의 제인 제임스(Jane James)는 1669년 처
형당할 당시 85파운드의 재산을 소유하고 있었다. 1660년
아버지가 사망한 시기부터 그녀가 처형을 당하기까지 이웃
들로부터 세 차례 이상이나 마녀로 고소되었다.[51]

남성 상속자가 없는 가정의 여성들은 마녀로 공식적으로

고소되기 훨씬 전에 이미 상속분 일부나 모두를 박탈당하였다. 상속분을 박탈해 가는 과정은 다양하게 진행되었다. 대부분은 이웃들이나 지방 치안 판사들이 주축이 되어 여성들의 상속분을 공식적으로 박탈했다. 그들이 이웃에서 기대하는 것보다 훨씬 더 많은 재산을 상속받게 된 것이 문제가 되었던 사례이다.

여성들 몇 명은 자신들의 재산에 대해 모든 권리를 행사하고 있었는데, 이들의 경우에는 아버지나 아들 또는 친척들이 유언을 남기고 보관해 왔기 때문에 사실을 파악할 수 있었다. 남성 상속자들은 관습적으로 자신들이 물려받아야 하는 상속분에 훨씬 못 미치기 때문에 법정에서 자신들의 상속분을 확보하기 위해 싸우는 경우가 많았다. 이때 대부분 재판과정에서 여성 상속자들은 피해를 보았다.[52] 햄턴(Hampton)의 그레이스 불터(Grace Boulter)가 바로 이러한 경우의 여성이었다.

1660년 그레이스의 아버지는 상당량의 재산을 그녀와 남편 나다니엘(Nathaniel)에게 넘겨주었다. 하지만 그녀의 남동생은 후에 이의를 제기하였고 그 과정에서 그녀는 32세의 딸 메리 프레스콧(Mary Prescott)과 함께 마녀로 고소되었다.[53] 당시 뉴잉글랜드 지방에서 여성들의 재산권 문제는 아버지나 남편의 결정에 따라야 했지만 때에 따라서는 예외도 존재하였다. 경우에 따라서 법정에서 직접 여성들에게 상속해 주도록 규정하기도 했는데 이때 여성들은 남자 형제 아니면 이웃 주민들에 의해서 마녀로 고소되는 경우가 많았다.

이처럼 재산상속과 관련된 경우들을 통해서 볼 때 뉴잉글랜드 마녀사냥은 당시 사회에서 여성들의 경제적 지위와 무관하지 않았다는 것을 확실히 알 수 있다. 물론 재판판결문에서는 경제적 이슈가 중요한 부분을 차지했다는 것이 직접적으로 나타나지는 않았지만, 세일럼이나 그 밖의 뉴잉글랜드 지방에서 상속 또는 잠재적인 상속을 기대할 수 있었던 여성들은 마녀재판에서 매우 미약한 존재였다는 것을 알 수 있다.

미국 역사에서 종교적 질서는 때로 사회의 이데올로기나 문화를 통제하는 하나의 권력수단으로 이용되기도 하였다. 세일럼의 마녀사냥을 비롯한 뉴잉글랜드 지방의 마녀사냥은 단순한 고소에서 비롯되었지만, 그것이 역사적 사건의 계기가 되었고 신세계에서 종교적 자유를 누리기 위해서 영국에서 건너온 많은 청교도는 구세계에서의 부조리에서 벗어나지 못하고 무고한 많은 사람을 처형대로 보냈던 것이다.

많은 사람은 그들 자신도 확실히 알 수 없는 사적 동기로 이웃의 불행을 원하기도 했고, 경쟁자를 모함하기 위해서 이웃을 불행을 원했던 사람도 있었다. 대부분의 경우 신을 모독한 자라고 공격하거나 개인적인 원한을 신의 이름으로 정당화하여 보복하려고 했다. 이러한 사건들은 한편으로는 사회적 위기에 대한 불안감의 표현이었다.

일찍이 17세기 청교도신학은 가부장적 사회체계를 재확인하는 것이었다. 청교도질서에서는 가장으로서 남성의 역할이 강조되었으며 여성들 대부분은 이러한 가부장제의 체제에 순응해야만 했다. 그들의 신은 질서의 신이었고, 종교적 관념이나 청교도 지도자들의 경험들은 강건하고 명확한 가부장제의 질서를 발견하였다.

뉴잉글랜드에서 여성과 젠더와 관련하여 요구되는 이념적인 요소들은 성서를 근거로 신학자들에 의해서 구성된 여성스러움과 종교적인 신성함이었다. 청교도문화에서 악의 개념은 냉혹하게도 여성성과 관련이 깊었던 것으로, 이러한 믿음은 미덕을 갖춘 여성들이 강하고 선한 남성들의 지도력에 따라야 하는 이유를 말해주었다. 여성들에게 있는 이러한 악의 잠재력은 여성들에게 어떠한 권력이나 자치권이 허용되지 않는 것을 합리화시켜 주었다.

뉴잉글랜드 지방에서 마녀로 고소된 여성들은 주로 가부장적 사회구조에서 여성에게 요구되는 여러 가지 미덕이 결핍된 여성들이었다. 산파와 주술가와 같이 주로 남성들에게 주어진 '힘'(power)을 보유한 계층의 여성들이 쉽게 공격의 대상이 되었다. 주술가들은 마을주민들에게 여러 가지 상담과 예언을 통해서 그들의 행동에 영향을 끼쳤으며, 산파들은 당시 남성 의술인들에 의해 독점되었던 의학계에 대한 도전으로 인식되는 경향이 있었다. 또한 마녀사냥은 여성들의 낙태, 영아살해, 아내 구타 등과도 관련이 있었다. 낙태나 아내 구타로 인한 부부갈등 문제로도 여성을

인류 혐오의 역사 – 마녀사냥 이야기

마녀로 고소하기도 했다.

뉴잉글랜드 마녀들의 죄목 중에서 '악령이 들린 상태' (Possession)에 관한 내용은 여러 가지를 시사해 준다. 신성함을 강조하는 청교도들에게 악령이 들린 상태에서 타인을 죄로 유인하는 것은 가장 심각한 죄에 해당되었다. 흔히 이러한 죄목은 여성들의 나약함과 관련이 있었다.

청교도 종교관에서는 여성들을 악의 숭배를 불러오는 존재들로 간주하였다. 이와 같은 맥락에서 유럽의 경우와 마찬가지로 17세기 뉴잉글랜드 식민지에서 여성들은 마법을 전수하고 성적 충동을 발산하는 존재들이었다. 젠더화된 여성들의 미덕을 젠더화된 악의 개념과 관련시킴으로써 여성들의 무력함을 합리화시켰으며, 그들에게 허용되지 않은 권력을 소유한 여성들은 여성으로서 지녀야 할 미덕의 결핍과 악의 잠재력을 구실로 징벌의 대상이 되었다.

미국 식민지 시대에 여성들의 경제적 지위는 그들의 결혼상태에 따라 쉽게 변하였다. 미혼 때 소유하고 있던 경제적 독립성은 결혼과 더불어 사장되었다. 결혼 후 여성의 사회, 경제적 지위라고 하는 것은 남편의 지위에 따라 변화하였다. 이러한 이유에서 뉴잉글랜드 마녀사냥에서 독신 여성과 미망인들이 주된 희생자가 되었으며, 고소와 처형이 전혀 다른 문제가 되었다.

부유한 남편을 가진 기혼여성들은 마녀로 고소되는 경우라도 쉽게 풀려날 수 있었으나, 독신 여성이나 미망인의 경우는 그들의 재산상태와 관계없이 쉽게 처형의 대상이 되었다. 일반적으로 당시 뉴잉글랜드 지방에서 남편의 재산 정도는 여성들의 사회적 지위를 결정하였고, 남편이나 후손이 없는 여성들의 재산은 몰수가 용이했기 때문에 그들은 위험에 쉽게 노출되었다.

뉴잉글랜드 지방의 마녀재판은 재산상속의 관습과도 밀접한 관련이 있었다. 대부분의 재산권은 남성에 의해서 이루어졌으며 여성들은 결혼과 더불어 재산권을 상실하였다. 따라서 여성들이 재산을 소유할 수 있는 경우에는 쉽게 공격의 대상이 되었다. 통계적 분석 결과에 따르면 대다수의 희생된 여성들은 남자상속자가 없는 경우로, 여성으로서 충분히 재산을 상속받을 수 있는 위치에 놓인 사람이었다. 이러한 범주에 속한 여성들은 가부장적 재산상속제도의 궤도를 이탈한 여성들로 간주되는 경향이 있었다.

앞에서 살펴본 바와 같이 뉴잉글랜드의 마녀사냥은 단순한 희생양의 차원을 넘어서 당시 여성들의 경제·종교·사회적 지위와 밀접한 관련이 있었다. 마녀사냥은 역사 속에서 여성에 대한 두려움, 여성의 사회적 지위, 여성의 자아에 관한 생각, 다시 말해 여성으로서 가정과 사회에서 지켜야 할 여성 스스로의 규정 등을 반영하는 것이었다. 이것은 또한 사회 안에 팽배해 있었던 여성들의 삶과 가족관계를 통해서 내재된 뿌리 깊은 태도나 기대를 의미했다.

마녀사냥은 처형하는 자들과 희생자들 간의 힘의 논리를 반영하는 것이었고, 이는 또한 식민지 시대 종교와 사회질서 유지라는 미명 하에 자행된 여성에 대한 잔인한 폭력을 의미하였다. 따라서 17세기에 발생한 뉴잉글랜드 지방의 마녀사냥은 단순한 광기 현상이 아니라 미셸 푸코가 설명하고 있는 것처럼 "이성으로 가장한 권력의 횡포"였음이 여실히 드러난다고 할 수 있다.

IV

성적 억압 기제로서의
마녀사냥과 마녀재판

인류 혐오의 역사

-마녀사냥 이야기-

16세기 유럽은 계속되는 종교전쟁으로 급격한 인플레이션에 시달렸고 계속되는 기근과 파괴로 마을은 온통 혼란을 겪는 시기였다. 역사적으로 볼 때 마녀사냥은 주로 흉년, 기근, 홍수 등 자연재해를 겪고 있던 마을에서 시작되었다. 그 이유는 계속되는 고통으로 인해 주민들은 막연한 불안감을 해소해줄 희생양이 필요했기 때문이었다. 이러한 상황에서 대부분의 희생자는 사회적 약자인 여성이 될 수밖에 없었다.[54]

학자들의 주장에 따르면 유럽의 마녀사냥 열풍 속에서 희생된 피해자의 약 80퍼센트가 여성이었던 것으로 나타났다. 특히 다음 도표에서 볼 수 있듯이 에섹스, 바젤 주교구, 나무르에서는 그 비율이 90퍼센트를 넘었다.[55] 이는 다시 말해서 여성이 마녀로 고소되기가 훨씬 쉬웠다는 것을 의미했다.

인구학적 분석으로 볼 때 16세기에는 약 40퍼센트의 여성이 남편이 없는 상태로 결혼이라는 제도권 밖에 있었다. 이러한 상태에서 주로 남성의 울타리가 없었고 경제적 독립성을 지니고 있었던 노처녀나 재산상속자가 없었던 미망인과 같은 여성들이 쉽게 희생양이 되었다.[56]

유럽의 많은 지역에서 마녀사냥으로 희생된 그룹에는 남성보다도 여성의 수가 압도적으로 많았다. 그 이유로는 중세 말 근대 초종교적, 사회적 분위기와 밀접한 관계가 있었는데 그 저변에는 여성의 성적 억압을 목적으로 하고 있었다.

유럽 대부분 지방에서 여성 마녀의 비율은 75퍼센트가 넘고, 에섹스, 바젤 주교구, 나무르에서는 그 비율이 90퍼센트를 넘었다.[57] 이러한 사실에 대한 구체적인 비율은 다음과 같다.

<표 5> 마녀재판에 고소된 성별 비율

지역	년도	남성	여성	백분율(%)
독일 남서부	1562–1684	238	1,050	82
바젤주교구	1571–1670	9	181	95
나무르 지방	1509–1646	29	337	92
프랑스 북부지방	1542–1679	54	232	81
영국 에식스	1560–1675	23	290	92
스코틀랜드	1560–1727	247	1,491	86

*출처: Erik Midelfort, Witch-Hunting in Southwestern Germany, 1562–1684, p.181; William Monter(ed.), Witchcraft in France and Switzerland, p.119–120.

　마녀사냥의 원인은 원죄의 교의를 바탕으로 해서 여성을 조직적으로 억압하는 데서 출발하였다. 기독교의 교리에 따라 대다수의 신학자들은 "죄업은 여자로부터 생긴다." "여자가 죄를 만든다." "여자의 팔은 사냥꾼의 올가미와 같다." "어떠한 나쁜 마음도 여자의 그것보다는 크지 않다."라고 주장하면서 그들의 인생관을 금욕적인 면에서부터 세워나갔고 이러한 전제하에 여성들에 대한 성적 억압을 노골적으로 표현해왔다.

　마녀사냥이 성적인 억압의 수단으로 사용되었던 것은 특히 16~17세기 르네상스 말기에 극에 달했다. 이 시대에는 성적으로 만족하지 못하고 거리를 헤매는 많은 여성이 있었다. 그들 중 대다수는 자연적 욕망을 풀기 위해 때로는 사회에서 받아들여지지 않는 방법 등을 통해 그들의 충동을 해소하기 시작했다.

성적 만족을 얻지 못한 여성들은 특히 경제조건이 안정되어 있지 못하여 결혼의 기회를 놓쳤던 소부르주아 여성들이었다. 이 여성들은 저돌적인 방법을 동원해 남자를 차지하기 위한 경쟁을 하게 되었다.

▲ 《Compendium Maleficarum》 삽화 (Francesco Maria Guazzo, 1608)

인류 혐오의 역사 - 마녀사냥 이야기

악마 신앙은 이러한 불행한 여자들에게 어떤 방법을 마련해 주는 듯싶었다. 당시 이웃집 노인이나 방물장수 여자들은 여성들의 이러한 약점을 이용해 남자를 유혹할 수 있는 여러 가지 연애 비술을 팔았던 것이다. 이들의 비밀처방은 날개 돋친 듯 팔렸고 많은 여성이 상상 속의 마녀집회에 참여하기 위해서 몰려들었다.

이들이 파는 연고는 기적을 보여주는 것처럼 보였다. 그것은 은밀한 동경을 현실보다 훨씬 환상적으로 만들어 주었다. 이러한 마녀의 연고 원료는 온갖 희한한 것들 즉, 쥐의 골 같은 것들을 갈아 뒤섞은 것이었다. 그 외에도 두세 가지의 상당히 유독한 물질, 예를 들면 독인삼, 아편, 흰 연꽃가지 등의 재료로 만들었다. 이러한 여러 가지 마녀의 연고나 탕약은 그것을 사용하는 경우 에로틱한 망상과 환각 상태를 불러일으키는 최음적인 마약 성분을 가지고 있었다.

중세 말과 근대 초기 유럽문화에서 여성을 성욕에 가득 찬 모습으로 그리는 일은 아주 흔했다. 위와 같은 여성상은 성직자들로부터 강한 지지를 받았다. 또한 이러한 견해는 프랑스 사상가 보댕에 의해 강조되었는데 그는 여성에게는 동물적인 성욕이 있다고 주장했다.[58] 여성 혐오적인 책《마녀의 망치》에서 모든 마녀의 행위는 여성의 만족할 줄 모르는 성적 욕구로부터 기인한다고 묘사함으로써 마녀 행위와 성적 욕구의 관련성을 강조하였다.[59] 마녀사냥에 있어서 "자궁은 지옥의 입구"라는 것이 자명한 진리로 받아들여졌다. 이것이 마녀 신앙과《마녀의 망치》의 중요한 교리였다.

여자는 악마와 교접했기 때문에 지옥의 권력은 여자의 영혼 안을 당당하게 들어왔다고 믿게 되었다.《마녀의 망치》에는 여자의 성욕에 대한 악담과 비난의 글로 가득 차 있는데 그 내용을 보면 "여자는 육욕에 사로잡혀 만족할 줄 모른다는 점에서 모든 일이 발생한다고 생각한다. 바로 앞의 여자의 선언을 들어보면 한 번이든, 두 번이든, 세 번이든 만족스럽다고 말하지 않는다. 네 번이라도 결코 만족스럽다고 말하지 않는다. 최후는 자궁의 입구이다. 그것은 여자는 정욕을 진정시키기 위해 악마와 관계를 하지 않으면 안 되기 때문이다."라고 기록하고 있다.[60]

▲ 《Compendium Maleficarum》 삽화 (Francesco Maria Guazzo, 1608)

　여자의 죄업에 관한 관념은 다시 여자가 남자에게 죄를 짓게 만드는 존재였을 뿐만 아니라 끊임없이 남자를 충동질하는 여자의 욕망이 남자의 공상 가운데에서 여자를 악마로 만들었고 은밀한 공포의 대상으로 만들었다. 여자들은 대부분 악마와 정을 통하고 있고 악마와 동맹하고 있다고 간주되었다. 이러한 관점에서 마녀사냥의 가장 유력한 원인 둥 하나가 "성적통제"였다는 점을 알 수 있다.

여성의 성적 욕망은 마녀들과 하급악마와의 관계로 설명되는 경향이 많았다. 대개 마녀는 성적 유혹으로 악마와 계약을 맺으며 "연회(sabbath)"에서 난잡한 성행위를 한다고 묘사되었다.

마녀들의 연회는 마녀와 악마가 결탁하는 가장 구체적으로 증거로, 마녀와 관련된 많은 기록에서도 이러한 내용이 큰 비중을 차지하였다. 마녀 재판관도 피고가 여기에 참석했는지 많은 관심을 보였다는 의미이다. 그것은 이 연회에 참석한 공범자의 이름을 다수 도출해 낼 수 있다는 점에서 이 추궁이 능률적이었기 때문이었다. 연회의 일시는 전설에서는 일정한 듯하지만, 실제 재판의 보고에 의하면 피고의 자백이 일치하지 않음을 알 수 있다.[61]

연회는 주로 밤에 지하세계를 상징하는 동굴에서 벌어지는데 참가자는 남성 사제에게 인도되는 여성들이 대부분이었다. 이 연회에서는 색정광을 의미하는 뿔이 달린 염소를 숭배하면 광란의 춤과 술잔치가 펼쳐졌다고 믿어졌다. 이렇게 연회장에 모인 마녀의 수는 때와 장소에 따라 다양했다. 어느 법정 기록에는 50명에서 100명, 심지어는 수천 명의

▲ 〈Tract on evil women called witches〉
(Ulrich Molitor, 1490)

군중이 모여 있었다는 자백에 관한 기록도 남아 있다.[62]

인류 역사상 인간의 성욕에 대한 지배적인 생각은 남자들만이 성적 욕구를 느낄 수 있다는 것이었다. 이 모든 성욕의 표현 방법은 남자의 욕구 표현을 중심으로 이루어졌다. 남자의 성욕은 그 필요성이 과다하게 시인된 것에 반하여 여자의 성욕은 늘 억제되었고 부정되기조차 하였다.

마녀재판에서 사용되었던 수많은 조작된 조서를 보면 당시 마녀로 잡혀 왔던 여성들의 자백서가 있는데 그 대부분은 고문에 의해 조작된 조서였음을 알 수 있다. 그것은 고문이라는 수단을 빌어 증명되지 않으면 안 되었다는 사실을 증명해 준다.

고문은 고문당하는 여자에게 공상의 날개를 달아주어 고문하는 남자가 듣고 싶어 하는 모든 것을 스스로 고백하게 만들었다. 당시 마녀로 몰린 스코틀랜드의 마아가렛 리스터(Margaret Lister)에 대한 기록을 보면 "She was a charmer and libber"라고 쓰여 있다. 다시 말해서, 매력적이고 자유를 추구했던 여성 리스터와 같은 여성은 쉽게 마녀재판의 희생양이 될 수 있었다는 의미이다.

《마녀의 망치》에는 마녀재판 과정 및 고문 방법에 관해 상세히 서술되어 있었다. 마녀재판 과정은 용의자의 체포과정에서 시작되었다. 교회법에 따라서 용의자의 체포는 세 가지 경우가 있었다. 첫째는 누군가가 고발하여 죄를 입증할 것을 자청하는 경우였고, 둘째는 누군가 고발을 했지만 입증을 원하지 않을 경우, 마지막은 고발도 밀고도 없었으나 세상의 소문만 있는 경우였다. 이 중에서 마녀재판 대부분의 경우는 마지막에 해당되었다.

이러한 이유에서 마녀재판은 많은 경우 암흑재판이 되었다. "세상의 소문"은 재판관의 판단에 유력한 근거가 되고 또 용의자를 체포하는 충분한 이유도 되었다. 고발자가 누구인가를 알리지 않는 것은 대질하여 반론하는 중요한 기회를 빼앗은 것을 의미하기 때문에 피고에게는 더할 수 없이 불리하였다.

심문규정에 의하면 14세 이상의 남자와 12세 이상의 여자는 밀고의 의무가 있었으며 이러한 의무를 게을리하는 경우는 '간접적 이단'으로 간주하였다. 마녀재판 기록에 의하면 부모자식간, 부부간, 형제간에도 밀고하는 경우가 많았다. 어버이를 밀고한 자식은 이단자 가족으로서 받아야 할 처벌을 면제받을 특권이 있었다.

재판수칙에 따르면 밀고의 경우는 밀고자의 이름을 피고인에게 알리지 않게 되어있는데 여기에는 밀고를 잘 하도록 부추기려는 의도가 있었다. 피고인은 변호인을 의뢰할 수 있었으나 피고에게 유리한 변호는 바랄 수 없었다.[63] 이러한 점에 대해서 헨리 보게(Henry Boguet)는 다음과 같이 말하고 있다. "마녀의 죄에 대해서는 다른 범죄의 경우와 달라서 세상의 소문의 진실성을 탐색하는 것은 불필요하다고 생각한다. 왜냐하면 마녀의 죄는 증인으로 소환되어 심문받은 법률학자조차 타당한 입증을 행하기 곤란할 정도로 어려운 죄이기 때문이다…"[64]

재판관의 심문내용을 보면 예를 들어 마녀가 된 이유, 마법을 할 때 선택한 남색마의 이름, 악마에 대한 서약내용, 집회에서 먹은 음식물, 공범자의 이름, 또한 마법 시 사용한 연고의 종류 등이 있다. 마녀재판의 심문방법은 한 명의 이단자를 처단하기 위해서 수많은 무고한 희생을 아까워하지 않았다. 피고인에게 유리한 변호의 기회를 완전히 빼앗고 피고에게 불리한 증언을 위해 온갖 기회를 동원하였으며 사람의 온갖 지혜를 동원한 고문에 의해 자백을 강요하였고 취조하였다.

피고의 자백 이외에도 피고를 마녀로 단죄할 수 있는 증거는 여러 가지가 있었다. 가장 보편적으로 악마가 변신했다고 믿어진 작은 동물을 데리고 다녔거나, 혹은 피고가 빗자루를 타거나 그 외의 방법으로 날아다니는 것을 보았다거나 하는 것들이 증거로 채택되었다.

이에 더하여 악마와 접촉한 마녀는 몸에 악마의 표시가 남는다는 믿음이 있었는데 이 부위는 찔러도 피가 나거나 통증을 느끼지 않는다고 생각했기 때문에 악마의 표시를 찾는 과정도 필수적이었다. 용의자는 처음부터 유죄판결에 직결되었다. 죄에 대한 변상 의무는 모든 심문비용을 지불하는 것이었다. 자신의 온몸을 태운 나뭇값을 포함해 몰수한 재산으로 변상시켰다. '올가미 씌우기', '마녀사냥식 때려잡기' 등이 이러한 심문방법에서 유래된 용어로 볼 수 있다.[65]

▲ 십자형 성고문 기구(The Medieval Torture Museum 소장)

여기서 고문은 이단 심문의 중추를 이루었다. 고문 과정은 원칙적으로 3단계가 있었다, 제1단계는 예비고문의 단계로 우선 피고를 나체로 만든다. 고문 도구를 보여주며 위협하고 몸을 꽁꽁 묶어 채찍질을 가한다.

▲ 사다리형 고문 기구(The Medieval Torture Museum 소장)

또한 손가락 조르기에선 손이나 발의 엄지에 틀을 끼우고 나사로 단단히 조인다. 때로는 뼈도 부서질 정도로 조르는 경우가 많았다. 또한 사다리형 고문기에서는 옆으로 눕힌 사다리형 고문대에 피고를 눕히고 사지를 사방으로 끌어당기는 법으로 이 단계에서는 묶은 후 자백은 받고 법정기록에는 고문에 의하지 않은 자백이라고 기록했다.

제2단계에서는 본격적인 고문이 시작되는 단계로서 피고는 양손 등 뒤에 꽁꽁 묶은 밧줄로 고문실 천장에 설치한 도르래에 걸어 피고를 천장까지 매달아 일정 시간 놓아두는 방법이 있었다. 때로는 피고의 발에 추를 달아 천장까지 묶어 매달은 후 갑자기 밧줄의 힘을 풀어 마루 위 닿을락 말락 하는 곳까지 급히 낙하시켜 급격한 충격을 전신에 주는 방법이 있는데 이 경우 사지의 관절은 모두 탈골되는

▲ 도르래에 매달아 피고를 고문하는 단계

경우가 많았으며 이것을 세 번 정도 반복할 경우 실신 또는 사망하였다.

제3단계에서는 그 이전 단계를 거친 후에도 자백을 하지 않는 경우에 사용하는 마지막 단계의 고문 방법으로 손이나 발을 잘라내는 것, 또는 불에 달군 펜치로 살을 잡아 떼는 방법이 있었다.

고문 과정에는 의사가 옆에서 피고의 실신 또는 목숨이 끊어지기 직전에 고문을 중지시키도록 계속 감시하였다. 달군 인두 방법, 즉 빨갛게 달군 쇠를 피고의 몸에 꽉 누르는 방법, 철구두 방법, 즉 뜨겁게 달군 쇠장화를 피고에게 신기는 방법도 있었지만 가장 보편적으로 사용되었던 물고문 방법이 있었다. '덕킹(Ducking)'이라고 불리는 이 방법은 피고인을 물에 담그는 방법으로 물에 가라앉지 않을 경우는 마녀임을 증명하고 물에 가라앉을 경우는 마녀가 아니라는 것이 증명되는 방법이다. 두 경우 모두 결국은 사망하게 된다는 점에서 마녀재판의 원래 의도를 잘 말해주는 것이었다.

▲ 덕킹(ducking) 방법

영국의 경우에는 고문이 국법으로 금지되어 있었는데 이 것이 이단 문제가 뿌리내리지 못한 이유 중 하나였다. 유럽에서는 주로 화형에 처하는 것을 원칙으로 하였다. 하지만 모든 국가에서 마녀를 산 채로 화형한 것은 아니었다. 이탈리아와 스페인에서는 대체로 산 채로 불에 태웠지만 프랑스, 독일, 스위스, 스코틀랜드에서는 마녀를 대개 말뚝에 매어 목 졸라 죽인 후 화형을 시켰다.[66] 마녀로 단죄된 피고는 유럽에서는 산 채로 화형에 처해졌고 미 대륙에서는 주로 교수형에 처하거나 돌로 눌러 압사시키는 방법 등이 사용되었으며 그 실상은 상상을 초월할 만큼 참혹한 것이었다.

V

집단적 광기의 역사적 의미

인류 혐오의 역사

-마녀사냥 이야기-

　마녀사냥은 인류 역사상 가장 비극적인 집단광기 현상 중 하나로 마녀는 실존 인물이 아니고 시대가 만들어낸 희생양이었다. 마녀사냥은 하나의 사회현상으로서 존재했었기 때문에 역사적 제 조건들과의 연계성을 통하지 않고서는 정확히 이해할 수가 없는데 이것은 역사적으로 어떠한 계층이 마녀로 지목되어 희생되어왔는가를 볼 때 쉽게 알 수 있다.

　마녀사냥 과정에서 나타난 여성에 대한 개념에 있어서는 선한 여성과 악한 여성이 확연히 구분되었다. 전자의 여성상은 정숙하고, 신성하고, 조용하고, 결혼이라는 사회제도를 통해서 남편에게 의존하는 현모양처를 의미했다. 반면에 후자는 공격적이고 결혼을 하지 않은 채 남자의 보호를 거부한 여성을 의미했던 것으로 마녀는 당시 현모양처의 반대 개념을 사용되었다고 볼 수 있다. 마녀들은 곧 사회에서 기대되는 역할 수행을 제대로 행하지 아니한 여성들이었다.

마녀재판은 종교적 측면에 있어서도 여성들에게 큰 영향을 끼치게 되었다. 중세 말에 대중 신앙을 신봉하던 대다수 여성이 이단자로 몰려 마녀사냥의 희생양이 되었는데 그들이 권위적인 카톨릭 위계질서에 저항했기 때문이었다.

그 과정에서 마녀사냥의 지침서로 사용되었던 《마녀의 망치》는 주로 마녀들의 마술, 성에 대한 묘사, 또한 어떻게 마녀를 식별 또는 심문할 것인지, 어떻게 처형할 것인지 등의 내용을 그 골자로 하였다. 이 지침서는 이단 심문관들에 의해 쓰여 마녀사냥에 대한 합리적인 근거를 제시해 주었는데 중요한 점은 내용의 대부분이 여성의 원죄 사상과 성적 유혹에 나약한 여성성에 대한 묘사였다는 점이다. 이러한 내용은 마녀사냥의 희생자로서 여성이 주류를 이룰 수밖에 없는 이유가 되었다.

인류학자 모니카 헌터(Monica Hunter)는 마녀사냥 연구는 당시 사회를 가장 심층적으로 이해할 수 있는 가장 핵심적인 접근이라고 하면서 당시 사회가 무엇을 가장 두려워했는가를 단적으로 보여준다고 설명하였다. 마녀사냥은 인류의 역사상 가장 집단적인 광기를 보여주었던 사건으로서 이 두려운 비극은 시대적 틀로부터 분리해서는 이해할 수 없다. 즉, 마녀사냥에 대한 새로운 해석을 통해 볼 때 시대에 따라 사회는 여성들의 공동체적 힘, 경제적 독립성, 여성들의 성적 자유를 가장 두려워했음을 알 수 있다.

이러한 의미에서 마녀사냥을 가부장적 체제 안에서 "어떠한 범주에 속했던 여성들을 추적하고, 처형해 나갔던 하나의 집단적 광기 현상"으로서 마녀사냥 과정에서 나타나는 마녀에 대한 관념의 형성, 잔혹한 처벌의 메커니즘은 사회 전반으로 확대되어 가는 일종의 "통제"의 틀을 제공하였다.

결론적으로 14세기 말에서 18세기에 이르기까지 전 유럽을 휩쓸었던 마녀사냥은 '성과 권력' 즉 여성이 가부장적 사회에서 약자로서 권력에 의해 억압당하는 과정에서 나타난 사회현상이라는 점에서 역사적으로 재조명되어야 할 것이다.

미주

- 1) Russell Hope Robbins, Encyclopedia of Witchcraft and Demo nology (New York: Newness Books, 1984), p.14.

- 2) Alan Charles Kors and Edward Peters eds., Witchcraft in Europe, 400—1700: A Documentary History (Philadelphia: University of Pennsylvania, 2001), p.2.

- 3) Gerald B. Gardner, Witchcraft Today (New York: Citadel Press, 2004), p.13.

- 4) Alan Macfarlane, Witchcraft in Today and Stuart England: A Regional and Comparative Study (London: Routledge, 1999).

- 5) Joseph Klaits, Servants of Satan: The Age of Witch—Hunts (Bloomington: Indiana University Press, 1985).

- 6) Carol Karlsen, The Devil in the Shape of a Woman in Colonial New England (New York: Norton and Company, 1987).

- 7) Elizabeth Reis, Damed Women: Sinners and Witches in Puritan New England (Ithaca: Cornell University Press, 1997), p.xvi.

- 8) 매사추세츠 해안 식민지(Massachusetts Bay Colony)의 1641년과 1648년 법령에 각각 다음과 같이 명기되어 있다. 1641: 만일 한 남자 또는 여자가 마녀인 것이 발각되면 그들을 처형시킨다. 1648: 만일 한 남자 또는 여자가 마녀 또는 악령과 교류하고 있다는 것이 밝혀지면 그들을 처형시킨다. The Laws and Liberties of Massachusetts, 641—1691, Ⅱ:11&Ⅲ:701.

- 9) Richard Weisman, Witchcraft, Magic, and Religion in 17th Century Massachusetts (Amherst: The University of

인류 혐오의 역사 – 마녀사냥 이야기

Massachusetts Press, 1984), pp.24-25.

- 10) 이 글에서는 'possession'을 '악령이 들린 상태'로 해석하기로 한다.

- 11) David Hall, Witch-Hunting in Seventeenth Century New England; A Documentary History, 1638~1692 (Boston: Northeastern University Press, 1991), p.7.

- 12) 당시 세일럼 마을은 지금의 매사추세츠의 덴버(Denver)에 해당되는 마을로, 재판과 처형은 세일럼 타운 이웃의 세일럼이라고 불리는 마을에서 자행되었다. Paul Boyer, Salem Possessed: The Social Origins of Witchcaft (Cambridge: Harvard University Press, 1998), pp.39-40.

- 13) 티투바를 심문하는 과정에서 던진 질문은 다음과 같은 것들이다. ① 어떤 종류의 악마와 관계를 가졌는가? ②) 왜 이 어린아이들에게 상처를 입혔는가? ③ 악마를 직접 목격하였는가? ④ 악마의 모습은 어떠한가? Donald R. Daly, The Trial of Tituba Indian: Transcripts from the Salem Witchcraft Trials (Salem: Virginia Company, 1980), pp.4-10.

- 14) all, 앞의 책, pp.281-283.

- 15) Marc Mappen ed., Witches and Historians: Interpretations of Salem (Malabar: Krieger Publishing Company, 1996), pp.3-5.

- 16) Jeffrey B. Russell and Brooks Alexander, A History of Witchcraft: Sorcerers, Heretics and Pagans (New York: Thames and Hudson, 2007), p.12.

- 17) William E. Monter ed., Witchcraft in France and Switzerland: The Borderlands during the Reformation (Ithaca: Cornell University Press, 1976), pp.24-25.

- 18) Christina Larner, Enemies of God: The Witch-Hunt in Scotland (Baltimor: Johns Hopkins University Press, 1981), 32.

- 19) Jeffrey Russell, A History of Witchcraft (London: Thames and Hudson, 1980), p.79.

- 20) Kors and Peters eds., Witcraft in Europe, 400-1700, p.291.

- 21) Wolfgang Behringer, Witches and Witch-Hunts (Cambridge: Polity Press, 2004), pp.71-72.

- 22) Heinrich Kramer and James Sprenger, The Maleficarum (New York: Over Publication, 1971).

- 23) Sydney Anglo, The Dammed Art: Essays in the Literature of Witchcraft (New York: Routledge, 1985), pp.176-185.

- 24) William E. Monter ed., Ritual, Myth and Magic in Early Modern Europe (Athens: Ohio University Press, 1983), pp.66-68.

- 25) Jules Michelet, Witchcraft, Sorcery, and Superstition (New Jersey: Carol Publication Group, 1995), pp.5-23.

- 26) Brian P. Levack, The Witch-Hunt in Early Modern Europe (New York: Longman, 1987), pp.101-104.

- 27) Larner, Enemies of God, pp.138-142.

- 28) Russell and Alexander, A History of Witchcraft, pp.78-79.

- 29) Marilyn J. Westerkamp, Women and Religion in Early America, 1600-1850: The Puritan and Evangelical Tradition (New York: Routledge, 1999), p.123.

- 30) Elizabeth Reis, 앞의 책, p.xvii.

- 31) Benjamin Wadsworth, A Well-Ordered Family (Boston: Flag and Gould, 1719), pp.35–37.

32) 앤 허친슨(Ann Hutchinson, 1591-1643)은 뉴잉글랜드의 종교적 지도자이자 산파이다. 43세 때 영국에서 자신의 설교단으로부터 쫓겨난 청교도목사 존 코튼(John Cotton)을 따라 남편과 12명의 자녀들과 보스턴으로 건너왔다. 보스턴 공동체의 종교 생활에 몰두하였고 자신이 돌보았던 여성들과 신학을 함께 논의하였으며 자신의 집에서 존 코튼의 설교 토론모임을 가졌다. 매사추세츠 식민지에서 발생했던 안티노미안 논쟁의 주도자로 지목받아 매사추세츠로부터 추방되었다. Linda K. Kerber, Women's America; Refocusing the Past (New York: Oxford University Press, 1991), pp.53–56.

33) Marilyn, 앞의 책, p.17.

34) 같은 책, p.123.

35) Middlesex Country Court Records, fold 15(MA).

36) Crimes and Misdemeanors 1662–1789, First Series,3, 211–213, Connecticut State Archives(CSL).

37) Mappen, ed., 앞의 책, pp.118–120.

38) Marilyn, 앞의 책, p.123.

39) Barbara Ehereich and Deirdre English, Witches, Midwives and Nurse: A History of Women Healers (New York: City University of New York, 1990), p.21, 22.

40) 같은 책, p.124.

41) Nissenbaum, 앞의 책, p.55.

42) Karlsen, The Devil in the Shape of a Woman (New York: Norton and Company, 1987), pp.30–31.

- 43) Hall, 앞의 책, pp.170-184.

- 44) 뉴잉글랜드 지역에서 젊은 여성의 경우 성인의 나이는 18세이고, 남자의 경우는 21세가 성인의 나이에 해당하였다(Kerber, 앞의 책, pp.74-78).

- 45) Marylynn Salmon, Women and the Law of Property in Early America (Chapel Hill: University of North Carolina Press, 1986), pp.49-53.

- 46) Karlsen, 앞의 책, p.84.

- 47) Hall, 앞의 책, pp.301-304.

- 48) Chadwick Hansen, Witchcraft at Salem (New York: Signet Press, 1969), pp.94-96.

- 49) 같은 책, pp.89-92.

- 50) Marion Starkey, The Devil in Massachusetts (New York: A. A. Knopf, 1949), p.185.

- 51) Essex Court File Papers, 12: 86-87.

- 52) Karlsen, 앞의 책, pp.80-81.

- 53) Hall, 앞의 책, p.216.

- 54) Anne Llewlyn Barsow, Witchcraze: A New History of the Euopean Witch Hunts (London: Harper Collin Publishers, 1994), p.152-154.

- 55) Midelfort, Witch-Hunting in Southwestern Germany, 1562-1684, 181: Monter (ed), Witchcraft in France and Switzerland, pp.119-120.

- 56) Erik Midelfort, Witch-Hunting in Southwestern Germany, 1562-1684: the Social and Intellectual Foundations (Stanford:

Stanford University Press, 1972), p.181; William Monter (ed),
Witchcraft in France and Switzerland: The Borderlands during
the Reformation (Ithaca: Cornell University Press, 1976),
pp.119—120.

- 57) Levack, The Witch—Hunt in Early Modern Europe, p.189.
- 58) Levack, 앞의 책, p.126.
- 59) Kramer and Sprenger, The Malleus Maleficarum, p.47.
- 60) Kors and Peters, Witchcraft in Europe, 400—1700, pp.181—182.
- 61) Levack, 앞의 책, pp.35—40.
- 62) Russell, 앞의 책 p.37 & pp.78—79.
- 63) Kramer and Sprenger, 앞의 책, pp.21—22.
- 64) Henry Boguet, Discoursedes Sorciers (London: J. Rodker,
  1929), p.89.
- 65) Kors and Peters, 앞의 책, pp.214—215.
- 66) Erik H. Midelfort, Witch Hunting in Southwestern Germany,
  1562—1684: The Social and Intellectual Foundation (Stanford:
  Stanford University Press, 1972), p.99.

참고문헌

- Anglo, Sydney, *The Dammed Art: Essay in the Literature of Witchcraft*(New York: Routledge, 1985).

- Barsow, Anne L, *Witchcraze: A New History of the Euopean Witch Hunts*(London: Harper Collin Publishers, 1994).

- Behringer, Wolfgang, *Witches and Witch-Hunts* (Cambridge: Polity Press, 2004).

- Boguet, Henry, *Discourse des Sorciers*(London: J. Rodker, 1929).

- Boyer, Paul, *Salem Possessed: The Social Origins of Witchcaft*(Cambridge: Harvard University Press, 1998).

- Connecticut State Archives(CSL). *Crimes and Misdemeanors 1662-1789*, First Series.

- Daly, Donald R., *The Trial of Tituba Indian: Transcripts from the Salem Witchcraft Trials*(Salem: Virginia Company, 1980).

- Ehereich, Barbara & English, Deirdre, *Witches, Midwives and Nurse: A History of Women Healers*(New York: City University of New York, 1990).

- Essex Court File Papers

- Gardner, Gerald B., *Witchcraft Today*(New York: Citadel Press, 2004).

- Hall, David, *Witch-Hunting in Seventeenth Century New England; A Documentary History, 1638-1692*(Boston: Northeastern University Press, 1991).

- Hansen, Chadwick, *Witchcraft at Salem*(New York: Signet Press, 1969).

인류 혐오의 역사 – 마녀사냥 이야기

- Hill, Douglas, *Witches & Magic Makers*(New York: Alfred A. Knope, 1997).

- Karlsen, Carol, *The Devil in the Shape of a Woman in Colonial New England*(New York: Norton and Company, 1987).

- Kerber, Linda K., *Women's America; Refocusing the Past*(New York: Oxford University Press, 1991).

- Klaits, Joseph, *Servants of Satan: The Age of Witch-Hunts*(Bloomington: Indiana University Press, 1985).

- Kors, Alan C. & Peters, Edward (eds), *Witchcraft in Europe, 400-1700: A Documentary History* (Philadelphia: University of Pennsylvania, 2001).

- Kramer, Heinrich & Sprenger, James, *The Maleficarum* (New York: Over Publication, 1971).

- Larner, Christina, *Enemies of* God: The Witch-Hunt in Scotland(Baltimor: Johns Hopkins University Press, 1981).

- Levack, Brian P., *The Witch-Hunt in Early Modern Europe*(New York: Longman, 1987).

- Macfarlane, Alan, *Witchcraft in Today and Stuart England: A Regional and Comparative Study*(London: Routledge, 1999).

- Mappen, Marc (ed), *Witches and Historians: Interpretations of Salem*(Malabar: Krieger Publishing Company, 1996).

- Michelet, Jules, *Witchcraft, Sorcery, and Superstition*(New Jersey: Carol Publication Group, 1995).

- Middlesex County Court Records.

- Midelfort, Erik, *Witch-Hunting in Southwestern Germany, 1562-1684:*

the Social and Intellectual Foundations(Stanford: Stanford University Press, 1972).

- Monter, William (ed), *Ritual, Myth and Mafic in Early Modern Europe*(Athens: Ohio University Press, 1983).

- _____ (ed), *Witchcraft in France and Switzerland: The Borderlands during the Reformation*(Ithaca: Cornell University Press, 1976).

- Reis, Elizabeth, *Damed Women: Sinners and Witches in Puritan New England*,(Ithaca: Cornell University Press, 1997).

- Robbins, Russell H., *Encyclopedia of Witchcraft and Demonology*(New York: Newness Books, 1984).

- Russell, Jeffrey B,, *A History of Witchcraft* (London: Thames and Hudson, 1980).

- Russell, Jeffrey B. & Alexander, Brooks, *A History of Witchcraft: Sorcerers, Heretics and Pagans*(New York: Thames and Hudson, 2007).

- Salmon, Marylynn, *Women and the Law of Property in Early America*(Chapel Hill: University of North Carolina Press, 1986).

- Starkey, Marion, *The Devil in Massachusetts*(New York: A. A. Knopf, 1949). *The Laws and Liberties of Massachusetts,* 1641~1691.

- Wadsworth, Benjamin, *A Well-Ordered Family* (Boston: Flag and Gould, 1719).

- Weisman, Richard, *Witchcraft, Magic, and Religion in 17th Century Massachusetts*(Amherst: The University of Massachusetts Press, 1984).

- Westerkamp, Marilyn J., Women and Religion in Early America, 1600-1850: The Puritan and Evangelical Tradition(New York: Routledge, 1999).

찾아보기

인류 혐오의 역사 – 마녀사냥 이야기

초판 1쇄   2022년 07월 30일

지은이   이창신
발행인   김재홍
마케팅   이연실
교정/교열   김혜린
디자인   박효은

발행처   도서출판지식공감
등록번호   제2019-000164호
주소   서울특별시 영등포구 경인로82길 3-4 센터플러스 1117호 (문래동1가)
전화   02-3141-2700
팩스   02-322-3089
홈페이지   www.bookdaum.com
이메일   bookon@daum.net

가격   12,000원
ISBN   979-11-5622-717-5 03920